SUBA
Comigo

Coleção Em busca de Deus

- *A rosa e o fogo* – Inácio Larrañaga
- *Cristo minha vida* – Clarence J. Enzler
- *José, o pai do Filho de Deus* – André Doze
- *Mostra-me o teu rosto* – Inácio Larrañaga
- *O irmão de Assis* – Inácio Larrañaga
- *O silêncio de Maria* – Inácio Larrañaga
- *Suba comigo* – Inácio Larrañaga

Inácio Larrañaga

SUBA Comigo

PARA OS QUE VIVEM EM COMUNIDADE

Dados Internacionais de Catalogação na Publicação (CIP)
(Câmara Brasileira do Livro, SP, Brasil)

Larrañaga, Inácio
  Suba comigo : para os que vivem em comunidade / Inácio Larrañaga ; [tradução José Carlos Correa Pedroso]. – 19. ed. – São Paulo : Paulinas, 2011. – (Coleção em busca de Deus)

  Título original: Sube conmigo
  ISBN 978-85-356-2531-8

  1. Amor - Aspectos religiosos - Cristianismo 2. Comunidades cristãs - Igreja católica 3. Relações humanas I. Título. II. Série.

11-05693   CDD-259

Índice para catálogo sistemático:
1. Comunidades cristãs : Igreja católica : Cristianismo 259

Título original da obra: *Sube conmigo*
© Cefepal - Chile

Direção-geral: Bernadete Boff
Editora responsável: Andréia Schweitzer
Tradução: José Carlos Correa Pedroso
Coordenação de revisão: Marina Mendonça
Revisão: Sandra Sinzato
Assistente de arte: Sandra Braga
Gerente de produção: Felício Calegaro Neto
Projeto gráfico: Telma Custódio
Capa: Manuel Rebelato Miramontes

19ª edição – 2011
6ª reimpressão – 2022

Nenhuma parte desta obra poderá ser reproduzida ou transmitida por qualquer forma e/ou quaisquer meios (eletrônico ou mecânico, incluindo fotocópia e gravação) ou arquivada em qualquer sistema ou banco de dados sem permissão escrita da Editora. Direitos reservados.

Paulinas
Rua Dona Inácia Uchoa, 62
04110-020 – São Paulo – SP (Brasil)
Tel.: (11) 2125-3500
http://www.paulinas.com.br – editora@paulinas.com.br
Telemarketing e SAC: 0800-7010081

© Pia Sociedade Filhas de São Paulo – São Paulo, 1978

Suba para nascer comigo, irmão.
Dê-me a mão, a partir da região profunda
de onde se propaga a sua dor.

Pablo Neruda

Como é bom e agradável
quando os irmãos vivem juntos
sob um mesmo teto!

Salmo 132

APRESENTAÇÃO

Este livro foi escrito, especialmente, para os religiosos que vivem em comunidade.

Foi escrito, também, para todos os cristãos que, em diversos graus, participam de grupos comunitários, como as Comunidades Eclesiais de Base, grupos de jovens ou outros grupos de leigos.

As ideias e orientações sugeridas podem ser transpostas em sua quase totalidade – afora alguns tópicos específicos – para a esfera matrimonial e o âmbito do lar, primeira comunidade humana.

Em algumas páginas, segui o esquema do terceiro capítulo de meu livro *Mostra-me teu rosto*.

O autor

CAPÍTULO I

SOLIDÃO, ISOLAMENTO, SOLIDARIEDADE

> *Pela sua interioridade (solidão), o ser humano transcende o universo das coisas: tal é o conhecimento profundo que ele alcança quando reentra no seu interior, onde Deus, que perscruta os corações, o espera...*
>
> GS 14
>
> *O ser humano, por sua própria natureza, é um ser social, que não pode viver nem desenvolver as suas qualidades sem entrar em relação com os outros.*
>
> GS 12

1. SOLIDÃO

Viagem ao interior de si mesmo

Quem não sabe dizer "eu" nunca saberá dizer "você". Perdoar os outros é relativamente fácil. Perdoar a si mesmo é muito mais difícil.

É impossível descobrir e aceitar o mistério do irmão se antes não tivermos descoberto e aceitado o mistério de nós mesmos. Os que sempre se movem na superfície jamais vão suspeitar dos prodígios que se escondem nas profundezas. Quanto mais exterioridade, menos pessoa. Quanto mais interioridade, mais pessoa.

* * *

Eu sou eu mesmo. É nisso que consiste e onde reside a origem de toda sabedoria: em saber que sabemos, em pensar que pensamos, em captar-nos simultaneamente como sujeito e como objeto de nossa experiência.

Não se trata de fazer uma reflexão autoanalítica, nem de pensar ou pesar nossa capacidade intelectual, nossa estrutura temperamental, nossas possibilidades e limitações. Isso seria o mesmo que partir a consciência em duas metades: uma observando e outra sendo observada.

Quando nós *entendemos*, há sempre alguém que pensa e algo sobre o que se exerce a ação pensante. O sujeito projeta-se sobre o objeto. Mas em nosso caso é outra coisa que acontece: o sujeito e o objeto se identificam. É uma coisa simples e possessiva. Sou eu que percebo, e o percebido também sou eu mesmo. É a consciência que se dobra sobre si mesma. Eu sou eu mesmo.

* * *

Para compreender bem o que estamos dizendo, temos de eliminar certos verbos como *entender, pensar*... Temos de ficar com o verbo *perceber*, porque é justamente disso que se trata: da percepção de si mesmo. E também não podemos falar de ideia, mas de impressão.

Como é isso? De que se trata? Trata-se de uma impressão, na qual e pela qual eu possuo a mim mesmo. A pessoa fica concentradamente consigo mesma, como que identificada consigo mesma. É um ato simples e autopossessivo, sem reflexão nem análise, como se alguém ficasse paralisado em si mesmo e consigo mesmo. Apesar de tudo isso, explicado dessa maneira, parecer egoísmo, não tem nada a ver com egoísmo até pelo contrário, como veremos no contexto destas páginas.

Quando consigo a percepção de mim mesmo, fico como que dominado pela sensação de que sou diferente de todos os outros. E, ao mesmo tempo, experimento algo parecido com um circuito fechado, com uma viva evidência de que a consciência de mim mesmo jamais se repetirá. Portanto, sou alguém singular, absoluto e inédito.

Tocamos no mistério do ser humano!

Quando dizemos o pronome pessoal "eu", pronunciamos a palavra mais sagrada do mundo, depois da palavra "Deus". Ninguém mais, na história do mundo, vai se experimentar como eu. E eu nunca me experimentarei como os outros. Eu sou um e único. E os outros também.

Nós podemos ter filhos. Tendo-os, reproduzimo-nos na espécie. Mas não nos podemos reproduzir na individualidade. Não posso repetir-me em meus filhos.

O ser humano é, portanto, essencial e prioritariamente *solidão*, no sentido em que eu me sinto único, inédito e irrepetível, no sentido de minha singularidade, de minha *mesmidade*. Só eu mesmo e só uma vez.

Buber diz o seguinte:

> Cada uma das pessoas que vem a este mundo constitui algo novo, algo que nunca tinha existido antes.

Cada ser humano tem o dever de saber que nunca houve ninguém igual a ele no mundo, pois, se tivesse havido outro como ele, não teria sido necessário que ele nascesse.
Cada ser humano é um ser novo no mundo, chamado a realizar sua peculiaridade.

Última solidão do ser

Nos claustros góticos da Universidade de Sorbonne, foi-se construindo, durante o século XIII, a teologia escolástica como uma esbelta arquitetura. As antigas investigações de Aristóteles, passando pelas mãos do filósofo Averróis, tinham chegado às úmidas margens do Sena.

Os pensadores de Sorbonne chegaram às raízes do ser humano. Perguntaram a si mesmos qual era a essência fundamental da pessoa, e disseram que a pessoa é *a última solidão do ser*. É uma definição dinâmica e existencial. Hoje em dia, chamamos isso de experiência da identidade pessoal.

Qualquer um de nós, se der uma remexida em suas águas interiores, vai experimentar que, descendo em círculos concêntricos, chegará a algo que o diferencia de todos e o faz ser idêntico a si mesmo.

Se observarmos um agonizante, por exemplo, perceberemos que ele é, em sua intimidade, um ser absolutamente solitário: ainda que seus familiares estejam à sua volta, ninguém está "com" ele, em sua intimidade; ninguém o acompanha em sua travessia da vida para a morte. O agonizante experimenta, dramaticamente, o mistério do ser humano, o que significa *ser* solidão, o fato de *estar ali*, lançado na existência, e o fato de ter de sair da vida contra a própria vontade, sem poder fazer nada para evitar isso. Experimenta a invalidez ou indigência, no sentido de estar cercado por todos os entes queridos sem que nenhum deles possa chegar àquela solidão final, sem que possam ir além das lágrimas, dos carinhos, das palavras e da presença. Está só. É solidão.

Se você estiver triturado por um enorme desgosto, de que lhe valem as palavras de seus amigos? Vai perceber que é você mesmo, e só você, quem terá de arcar com o peso do desgosto. As palavras ou as consolações não o alcançarão em sua solidão final.

* * *

Existe, portanto, na própria constituição do ser humano, sepultado entre as fibras mais remotas de sua personalidade, algo (como chamá-lo? um lugar? um "espaço" de solidão?), algo que nos faz, repito, diferentes uns dos outros, algo que me faz idêntico a mim mesmo. Afinal, quem sou eu? Uma realidade diferente e diferenciada.

Fico assim diante de meu próprio mistério, diante de uma coisa que não muda nunca e permanece sempre. Por exemplo: se me mostram uma fotografia de quando eu tinha 5 anos, supondo que agora tenha 50, comparo minha figura atual com aquela da infância, e digo: "Que cara diferente!". Dentro da permanente renovação biológica, não sobra em mim mais uma célula sequer daquele corpo de 5 anos. Entretanto, aquele ali (de 5 anos) sou eu. E eu sou *aquele ali*. O mesmo eu se aplica a morfologias muito diferentes. A identidade pessoal sobrevive a todas as mudanças, até a morte, e além da morte. É o mistério de mim mesmo!

2. ISOLAMENTO

Os fugitivos

A tentação do ser humano – hoje mais do que nunca – é a superficialidade, isto é, viver à superfície de si mesmo. Em vez de enfrentar o próprio mistério, muitos preferem fechar os olhos, apertar o passo, fugir de si mesmos e buscar refúgio em pessoas, instituições e diversões.

Em vez de falar de solidão, poderíamos falar de interioridade. E repetimos aqui o que dissemos no começo: quanto mais interioridade (solidão), mais pessoa. Quanto mais exterioridade, menos pessoa. Chamam de *personalização* o fato de alguém ser *ele mesmo*, alguém diferenciado.

E o processo de personalização passa por entre os dois meridianos da pessoa: *solidão* e *relação*. Mas será difícil relacionar-se profunda e verdadeiramente com os outros se não começamos enfrentando nosso próprio mistério, em um arco inclinado para o interior de nós mesmos.

* * *

Nunca foram tão vigorosos como hoje os três inimigos da interioridade: a distração, a diversão e a dispersão. A produção industrial, a pirotecnia da televisão, a vertigem da velocidade, são um atentado permanente contra a interioridade.

A dispersão é mais agradável do que a concentração e, principalmente, mais fácil. E aí está o homem, nas asas da dispersão, eterno fugitivo de si mesmo, procurando um refúgio qualquer, contanto que possa escapar do próprio mistério e do próprio problema!

Os fugitivos nunca amam. Não podem amar porque sempre buscam a si mesmos. E se buscam aos outros não é para amá-los, mas para encontrar neles um refúgio. O fugitivo é individualista. Individualismo não é a mesma coisa que individualização. O fugitivo é superficial. Que riqueza pode ter e partilhar? A riqueza está sempre nas profundezas.

Existe tão pouco amor porque as pessoas vivem na superfície, tanto na fraternidade como no casamento. A medida da entrada em nosso mistério será a medida de nossa abertura aos irmãos.

Nossa crise profunda é a crise de evasão. Fugindo de nós mesmos, vivemos fugindo também dos irmãos. É preciso que o irmão comece a ser *pessoa*, isto é, comece enfrentando e aceitando seu próprio mistério.

Os solitários

Assim como há fugitivos para fora, também há fugitivos para dentro. São os solitários, separados dos outros por muralhas que eles mesmos levantaram, ou isolados por fronteiras que traçaram unilateralmente.

"Sentir-se completamente isolado e solitário conduz à desintegração mental", diz o psicanalista, sociólogo e filósofo Erich Fromm.

Quando a Bíblia afirma que não é conveniente para o ser humano viver só, esse "só" deve ser traduzido por *solitário*. É da essência da pessoa tanto ser solidão como ser relação, como vamos explicar mais adiante.

* * *

Assim como o ser humano abre-se em agradável relação para o mistério do irmão, quando enfrenta a si mesmo, o isolamento submerge-o num mar triste e estéril. Seu mundo é um mundo temível, sempre mergulhado na noite.

Por isso o isolamento bem depressa degenera em perturbações mentais que produzem uma dissociação das funções anímicas, levando o solitário facilmente à beira da loucura.

Isolamento lembra, ou se parece, com a incapacidade de uma criança pequena, totalmente dependente quanto às funções elementares da vida. Que seria de uma criança no coração do deserto ou de uma floresta? Morreria, sem dúvida, numa interminável agonia.

* * *

O isolamento de membros de uma comunidade é, algumas vezes, resultado de alguma perturbação genética.

Outras vezes, quando a pessoa se sente injustamente maltratada por seus semelhantes, considera que não foi suficientemente estimada e busca o caminho do isolamento como atitude de arrogante vingança ou como bandeira de autoafirmação.

Mas há outra história mais comum. Chega uma pessoa a uma comunidade. Passam os anos. Ao seu redor não vê nada além de mundos individuais e noites fechadas. Sente-se insegura. E, buscando segurança, empreende a viagem para sua interioridade. Aí encontra a paz, mas é uma paz parecida com a dos mortos.

Há pessoas marcadas com o selo da timidez. Essa timidez não nasceu de nenhuma "ferida" da longínqua infância, mas vem de muito mais além, das fronteiras distantes das leis genéticas. Um tímido típico é sempre um fugitivo para dentro. Personalidades dessa espécie só se sentem bem quando se retraem para os últimos rincões de si mesmas.

Há personalidades de aparência ambígua. Alguns, em um primeiro momento, parecem fechados. Depois de uma convivência prolongada, percebemos que são pessoas de profunda intimidade e de fácil aproximação. Mas com outros acontece o contrário: num primeiro momento dão a impressão de um grande encanto pessoal e de fácil comunicação. Mas depois que convivemos bastante com eles, chegamos à conclusão de que a comunicação só se fazia em um primeiro plano, porque na realidade eram fechados e solitários, sem podermos saber os motivos de tal comportamento.

O isolamento não é uma atitude normal no crescimento evolutivo da personalidade. As energias humanas, latentes e concentradas na intimidade da pessoa, tendem, por sua própria vitalidade explosiva, a abrir-se e a se derramar em direção dos outros irmãos. Mas há algo, instalado em certos campos ou níveis da personalidade, que bloqueia o avanço desse ímpeto, e as energias ficam frustradas e inibidas.

Portas que deveriam estar abertas ficam semicerradas ou completamente fechadas, impedindo a entrada de qualquer irmão, ou talvez, excetuando algum amigo específico e exclusivo.

O isolamento pode ser comparado com um suicídio lento. Lá dentro, onde o indivíduo está curvado sobre si mesmo, é sempre noite, e faz sempre frio. É claro que a pessoa acaba adoecendo. Uma vez doente, irá caminhando para o reino das trevas e da morte, onde vivem a tristeza, o vazio, o egoísmo... enfim, todas as forças regressivas e agressivas.

Nós nascemos para *sair* e para *nos doar*. Em outras páginas, vamos ver como nos podemos salvar do isolamento.

Ansiedade

A doença típica dos fugitivos, e principalmente dos solitários, é a ansiedade, porque ela é fundamentalmente o vazio, e o sintoma específico dos dois grupos é também o vazio ou interrupção das energias.

A ansiedade é filha do medo e irmã da angústia, mas não se sabe onde começam ou acabam as fronteiras entre uma e outra. A ansiedade nasce e vive entre a tristeza e o temor, entre o vazio e a violência, entre a luta e a inércia. Parece-se com a apatia e o tédio da vida, e a pessoa pode ter vontade de morrer, mas não é compulsiva nem agitada.

Quando a ansiedade é de caráter neurótico quer dizer que tem as raízes mergulhadas nos conflitos profundos e nos problemas não resolvidos.

* * *

Em um campo de batalha, se o inimigo está à vista, os soldados sentem medo, mas combatem. Se, porém, ficarem sem comunicações, isolados da retaguarda porque o inimigo cortou as linhas telefônicas, então se deixam tomar pela ansiedade e ficam paralisados, sem saber o que fazer.

O pior da ansiedade é que ela vem de profundidades tão remotas e desconhecidas, que o ansioso é uma vítima infeliz que não sabe como lutar, contra quem lutar, que estratégia escolher e quais são as armas do combate, e fica ali, inerte, preso entre forças cruzadas; vive tenso, com uma tensão que é mais profunda e mais permanente que a angústia.

Se você está atravessando a rua e vê que um carro está vindo a toda velocidade, fica com medo, mas esse medo movimenta seus pés, para buscar lugar seguro. Mas se você se vir de repente no meio de carros que vêm de todas as direções, certamente vai ficar paralisado pela ansiedade.

A ansiedade é uma sensação tensa e latente, em que se juntam a paralisia da catalepsia com a angústia do parto, o pânico da vertigem com o pressentimento de um terremoto.

Há diversos graus e formas de ansiedade.

Uma é a ansiedade do indivíduo a quem comunicam que tem poucos dias de vida ou que descobre que foi caluniado. Outra é quando pressente a ameaça de vir a ser marginalizado no seio da comunidade, ou de já não ser querido, ou de que sua "imagem" ficou notavelmente deteriorada. Quando, em uma comunidade, cada um busca seu próprio rumo e só se preocupa com os próprios interesses – estão tão juntos e tão distantes! –, todos sofrem o assalto da ansiedade, a não ser que consigam suprimi-la por meio de fortes compensações.

*　*　*

A fonte fecunda da ansiedade é a falta de sentido na vida, isto é, o vazio. Tanto os fugitivos como, e principalmente, os solitários, são galhos cortados da árvore da vida. A árvore é seu próprio mistério. Quem sou eu? Qual o projeto fundamental de minha vida? Quais os compromissos que mantêm esse projeto em pé? Sou consequente com esses compromissos e comigo mesmo?

Chamamos de autenticidade o fato de alguém ser ele mesmo. Todo o que cair pela ladeira da incoerência vital será povoado pelas sombras da ansiedade, tanto no matrimônio como na fraternidade.

O pior dos sofrimentos – a ansiedade – deriva do pior dos males: não saber para que se está neste mundo. Por isso, dissemos que a ansiedade se parece com um suicídio lento e com a região da morte. Nietzsche dizia que quem tem um objetivo na vida é capaz de suportar qualquer coisa. Eu acrescentaria que a vida que tiver sentido jamais vai conhecer a ansiedade, ao menos a ansiedade profunda e permanente.

Uma comunidade religiosa sem calor fraterno, sem vida de oração, duvidando da validade de seu trabalho ministerial, sabendo que só se vive uma vez e não sabendo se está se enganando nessa única vez, que se pergunta todos os dias se o próprio projeto de vida ainda tem sentido ou já caducou, vendo que os anos passam e que a juventude já se foi, e que Deus passou a ser uma palavra vazia... essa comunidade e esses irmãos vão ser assaltados pela ansiedade permanente.

* * *

A ansiedade generalizada é um fenômeno típico das épocas de transição, das vésperas da queda das grandes hegemonias e, principalmente, de tudo que significa agonia e desaparecimento.

Nas épocas de transição, o indivíduo fica sem terra firme embaixo dos pés, não sabe que direção tomar, sente que o futuro está encoberto e que uma névoa de ansiedade penetra e ocupa todo o seu interior.

Nunca se viu tanta ansiedade no rosto dos irmãos, e principalmente das irmãs, como em nossa época. Derrubaram à força a muralha dos valores da instituição religiosa. Os "teóricos" puseram em xeque os *valores* dos três votos. Anunciou-se com desembaraço e superficialidade que a Vida Religiosa, como instituição, já caducou. Apresentaram, de contrabando, novos "profetas", como elemento de reflexão dialética: Freud, Marx e Nietzsche. Chegou a desorientação, o vazio, moveu-se o solo e muita gente se tomou de pânico e de ansiedade. Não se pode generalizar. Mas muito disso aconteceu.

Jamais esquecerei a expressão ansiosa daquele venerável religioso de 70 anos que me dizia: "Vivi com a maior fidelidade os três votos religiosos, durante quase cinquenta anos. Agora, no fim... vêm me dizer que não adiantou nada?".

> O homem foi "lançado" em um mundo incompreensível. Quase não pode evitar uma corrente subterrânea de medo, com redemoinhos de agudo pânico. Vive numa voragem de instabilidade, solidão e sofrimento, sob a ameaça do espectro da morte e do nada. Quisera escapar da opressão da ansiedade. A falta de sentido é mais terrível que a angústia, porque, se existe um propósito de vida definido, é possível suportar a angústia e o terror.
> Quando perguntamos a alguém se tem planos pelos quais daria a vida, obtém-se quase sempre uma resposta afirmativa. Até a pessoa mais deprimida, se lhe perguntarmos cruamente: "Então, por que você não se

suicida?", ficará inicialmente assustada e logo descobrirá razões, que estavam semiencobertas, para mostrar que vale a pena continuar a viver.

Podemos arriscar nossa vida pelo valor de um "projeto pessoal", mesmo quando não estivermos seguros do êxito. Os membros da resistência francesa na Europa de Hitler sabiam que tinham poucas probabilidades de êxito, mas sentiam que seu objetivo era alguma coisa pela qual valia a pena dedicar-se e até sacrificar a vida. Os sofrimentos e a morte são superados quando o homem tem um ideal.[1]

O sentido da vida, para um religioso, é o próprio Deus, sem dúvida. Na flor de sua juventude, o religioso deixou-se seduzir pela personalidade de Jesus Cristo, convenceu-se de que Cristo era uma causa que valia a pena, renunciou a outras opções e disse: "Jesus Cristo, meu Senhor, eu embarco contigo. Vamos para o alto-mar, e sem retorno. Até a outra margem!".

Desde esse dia, Deus foi para ele fortaleza na debilidade, consolo na desolação. Todos os seus desejos foram atingidos, foi totalmente coberto pela presença dele, todas as suas capacidades se transformaram em plenitudes e... a ansiedade foi desterrada para sempre.

O único problema do religioso é que Deus seja, nele e para ele, *verdadeiramente vivo*. Se essa condição for cumprida, poderá sofrer as ameaças dos fracassos, das

---

[1] ALLPORT, G. *La personalidad: su configuración y desarrollo*. Barcelona: Herder, 1973. pp. 648-649. [Ed. bras.: *Personalidade: padrões e desenvolvimento*. 4. ed. São Paulo: EPU/EDUSP, 1976.]

enfermidades e da morte. Mas nunca a da ansiedade. Deus o libertou do supremo mal: o vazio da vida.

Desterrados e solitários

Vamos transpor outra vez os umbrais da consciência para enfrentar nosso próprio mistério.

Estou aqui. Ninguém me pediu autorização para me lançar nesta existência. Sem minha permissão, estou aqui. A existência não me foi anteposta, nem proposta: foi imposta. Não tomei parte alguma neste fato de, agora, estar existindo e pensando. Em certo sentido, posso dizer que estou "aqui" contra minha vontade. Estou às portas da morte como o dia está às portas da noite. Não optei por esta vida, como também não opto pela morte que me espera.

Estou mergulhado na substância do tempo como as raízes da árvore na terra. Eu não *sou*, porque passo; o verbo *ser* só pode ser aplicado àquele que nunca passa. Só Deus é.

Montado neste potro que é o tempo – do qual não posso me desprender nem que queira –, cada momento que passa é uma pequena despedida, porque estou deixando para trás muitas coisas que amo, e a cada momento morro um pouco.

Não recebemos a vida feita e acabada, como uma peça de roupa. Tenho que *viver* a vida, ou ela tem que *ser vivida* por mim, quer dizer, é um problema. O ser humano é o mais inválido e indigente da criação. Os outros seres não se propõem problemas. Toda a sua vida já está resolvida por meio de mecanismos instintivos. Um golfinho, uma cobra ou um condor *sentem-se* "em harmonia" com a natureza inteira, mediante um conjunto de energias instintivas, afins da vida.

Os animais vivem gostosamente submergidos "na" natureza, como em um lar, numa profunda "unidade" vital com os outros seres. Sentem-se plenamente *realizados* – embora não tenham consciência disso – e nunca estão insatisfeitos. Não conhecem frustrações nem aborrecimentos.

O ser humano "é", experimentalmente, consciência de si mesmo.

Quando tomou consciência de si mesmo, o ser humano começou a sentir-se solitário, como que expulso da família, que era aquela unidade original com a vida. Embora *faça parte* da criação, ele está, de fato, *à parte* na criação. Partilha a criação *junto* aos outros seres – mas não com eles – como se a criação fosse um lar, mas ao mesmo tempo sente-se *fora* desse lar. Desterrado e solitário.

Além de sentir-se *fora* da criação, sente-se também *acima* dela. Sente-se superior e, por conseguinte, em certo sentido, como inimigo das criaturas, porque as domina e serve-se delas. Sente-se senhor, mas é um senhor desterrado, sem lar e sem pátria.

Quando tem consciência de si mesmo, o ser humano leva em conta e mede suas próprias limitações, suas impotências e possibilidades. Tal consciência de sua limitação perturba-lhe a paz interior, aquela agradável harmonia em que vivem os outros seres, que estão abaixo na escala vital.

Quando compara as possibilidades com as impotências, o ser humano começa a sentir-se angustiado. A angústia o mergulha na frustração. A frustração o empurra para o eterno caminhar, para a conquista de novos caminhos e de novas fronteiras.

Como diz E. Fromm, "a razão é para o homem, ao mesmo tempo, uma bênção e uma maldição".[2]

3. SOLIDARIEDADE

Essencialmente relação

Desde as profundezas de sua consciência de finitude e de indigência, surge no ser humano, explosiva e inevitável, a necessidade e o desejo de *relacionamento*. Se imaginássemos um ser humano literalmente só, em uma selva infinita, sua existência seria um círculo infernal que o levaria à loucura, ou essa pessoa regressaria às etapas pré-humanas da escala vital.

Quando o ser humano perdeu aquele vínculo instintivo que o ligava vitalmente às entranhas da criação, emergiu nele a consciência de si mesmo. Então se viu só, indigente, desterrado do paraíso, destinado à morte, consciente de suas limitações. Como sair dessa prisão? Por uma *saída*. A necessidade de *relacionamento* deriva da essência e da consciência de ser homem.

Quando a pessoa toma consciência de si mesma, nascem nela duas necessidades vitais: *ser ela mesma* e *ser para o outro*. A única salvação, repetimos, é a saída (relacionamento) para os outros. Falamos de "saída" porque quando a pessoa se autopossui, toma consciência de si mesma, sente-se como que fechada em um círculo. Haveria outras "saídas" para libertar-se desse círculo temível: a loucura, a embriaguez

---

[2] LARRAÑAGA, I. *O silêncio de Maria*. 38. ed. São Paulo: Paulinas, 2011.

– que é uma loucura momentânea – e o suicídio. Mas essas "saídas" não salvam, destroem. São alienação.

Se *ser solidão* (inferioridade, *ipseidade*) é constitutivo da pessoa, também é constitutivo, e na mesma medida, *ser relação*. O homem é, portanto, um ser constitutivamente aberto, essencialmente em referência a outras pessoas: estabelece com os outros uma interação, entrelaça-se com eles, e forma um *nós*: a comunidade.

* * *

Os outros também têm o seu "eu" diferenciado, inefável e incomunicável. Os outros também são *mistério*. Eu tenho de ver neles o seu "eu"; eles têm de ver em mim o meu "eu". Por isso, eles não são o "outro", mas um "você". Eu não devo ser "coisa" para eles, nem eles devem ser "objeto" para mim.

Desse fato de os outros serem um "você", e consequentemente um mistério sagrado, é que emergem as graves obrigações fraternas, principalmente todo esse decisivo jogo *abertura-acolhimento*, e também os dois verbos que São Francisco usa quando fala de relacionamento fraterno: *respeitar-se* e *reverenciar-se*. Que formidável programa de vida fraterna: reverenciar o mistério do irmão!

Dizem que a pessoa faz a comunidade, e que a comunidade faz a pessoa. Por isso mesmo, não vejo contraposição entre pessoa e comunidade. Quanto mais *pessoa* nós formos, na dupla dinâmica de sua natureza, mais a comunidade se irá enriquecendo. Na medida em que a comunidade crescer, enriquecer-se-á a pessoa como tal. As duas realidades – pessoa e comunidade – não se opõem, mas se condicionam e se complementam.

* * *

Nesse jogo, abertura-acolhimento, tenho de ser simultaneamente oposição e integração, em minha relação com um "você". Explico-me. Em um bom relacionamento deve haver, em primeiro lugar, uma oposição, isto é, uma diferenciação: tenho de me relacionar sendo *eu mesmo*. De outra forma, haveria uma absorção ou fusão, que equivaleria a uma verdadeira simbiose, que viria a ser uma anulação do "eu".

Quando a relação entre dois sujeitos se estabelece em forma de absorção, estamos em um quadro patológico: trata-se de uma doença que leva os dois sujeitos a se sentirem felizes (subjetivamente *realizados*) porque um domina e o outro é dominado. Fica absorvida e anulada a individualidade dos dois. E isso acontece muito mais frequentemente do que pensamos.

No verdadeiro relacionamento tem de haver integração de duas integridades, e não absorção. Tem de haver união, não identificação, porque em toda identificação os dois perdem a identidade. Na absorção, há um infeliz jogo de pertença e posse. Os dois são dependentes. Nenhum dos dois pode viver sem o outro.

Os dois tentam escapar do isolamento, um fazendo do outro parte de si mesmo, e o outro se fazendo pertença. Pessoa madura é aquela que não domina nem se deixa dominar. Mas as pessoas não maduras podem assumir, alternada e quase indistintamente, a função de dominar ou ser dominadas. Renunciam à própria liberdade para instrumentalizar ou para ser instrumento de alguém.

Ser relação significa, portanto, tendência, abertura ou movimento para um "você", salvaguardando, porém, minha integridade, sendo eu mesmo. Como diz Fromm, essa relação constitui o paradoxo dos seres que se convertem em um e, apesar disso, continuam a ser dois. Numa palavra, nossa relação deve constar de oposição e de implicação.

Encontro

Quando duas pessoas navegam – cada uma por sua parte – na corrente abertura-acolhimento, nasce o *encontro*, que não é outra coisa senão abertura mútua e acolhimento mútuo. O dicionário apresenta uma bela palavra para designar o encontro: *intimidade*.

Como nasce a intimidade? Se nos empenharmos em conhecer nossa *mesmidade* vai acontecer o seguinte: começaremos por nos desligar de tudo (até das lembranças e preocupações) menos de nós mesmos. Como em círculos concêntricos de um redemoinho, vamos avançando, cada vez mais para dentro, até o centro. Não é imaginação, e muito menos análise, é percepção.

Na medida em que vão se esfumando todas as outras impressões, chegaremos finalmente à simplicidade perfeita de um ponto: a consciência de nós mesmos. Nesse momento poderemos pronunciar de verdade o pronome pessoal "eu". Na simplicidade desse ponto e nesse momento, estão englobados os milhões de componentes de minha pessoa: membros, tecidos, células, pensamentos, critérios... Tudo fica integrado nesse "eu" mediante o adjetivo possessivo: *minha* mão, *meu* estômago, *minhas* emoções.

Numa palavra, a pessoa é acima de tudo interioridade. Mas essa palavra é um tanto equívoca. Diria, mais exatamente, que a pessoa é *interiorização*, isto é, um processo incessante de caminhar para o núcleo, para a *última solidão*, de que falava o filósofo Escoto. Toda pessoa, autenticamente falando, é isso.

* * *

Pois bem, duas interioridades que "saem" de si mesmas e se projetam mutuamente dão origem a uma terceira "pessoa", que é a intimidade, que não é outra coisa senão o cruzamento e projeção de duas interioridades. Já estamos no encontro.

Vamos explicar com um exemplo. A intimidade que existe entre você e eu – essa intimidade não "é" você, não "sou" eu. Tem algo de você, tem algo de mim, mas é diferente de você, é diferente de mim. É dependente de você, é dependente de mim. Até certo ponto, é independente de você, é independente de mim. Digo isso porque tivemos uma "filha", como fruto de nossa mútua projeção. E, maravilha! Nossa filha – a intimidade – transformou-se, sem sabermos como, em nossa "mãe" já que ela – a intimidade – *personaliza* tanto a você quanto a mim, *realiza-nos, dá-nos a luz* da maturidade e da plenitude.

Essa intimidade é, para nos expressarmos de outra maneira, uma espécie de clima de confiança e de carinho que, como uma atmosfera, envolve a mim e a você, fazendo-nos adultos, e nos afastando das regiões perigosas do isolamento.

Há outras palavras para significar o que acabo de explicar. Por exemplo, intersubjetividade, intercomunicação, interação... Mas, afinal, é o que dissemos: duas pessoas mutuamente entrelaçadas. Isso é o encontro.

Onde há encontro, há transcendência, porque as próprias fronteiras foram superadas. Onde há transcendência, há paz e amor. Onde há amor, há maturidade, que não é senão uma participação da plenitude de Deus, em quem não existe solidão.

A imagem trinitária

No princípio, Deus nos criou à sua imagem e semelhança. Mas não foi só isso. O mais importante é que fomos modelados de acordo com o *estilo de vida* que se "vive" no seio insondável da Santíssima Trindade. É daí que brota a fonte de todos os mistérios. O mistério da pessoa e da comunidade humanas só pode ser entendido no reflexo dessa fonte profundíssima e claríssima.

Tudo quanto dissemos neste capítulo sobre o mistério da pessoa pode ser aplicado, em perfeita analogia e paralelismo, às pessoas divinas. Por quê? Porque a pessoa humana é uma cópia exata das Pessoas Trinitárias.

Na Trindade, cada pessoa é *relação subsistente*. Isto é: cada pessoa, naquele Abismo, é pura relação para com as outras pessoas. Por exemplo: o Pai não é propriamente pai, mas *paternidade*, isto é, um processo interminável de dar à luz – ao Filho –, de relacionar-se. Inclusive, para falar com exatidão, teríamos de inventar aqui, uma nova palavra: *pater-ação*, processo de "fazer-se pai".

O Filho não é propriamente filho, mas *filiação*, isto é, processo eterno de "ser gerado". O Pai não seria pai sem o Filho. O Filho não seria filho sem o Pai.

Pois bem, o Pai e o Filho projetam-se mutuamente, e nasce uma terceira *pessoa*, que, na linguagem que estamos usando, chamar-se-ia Intimidade (Espírito Santo). Essa terceira pessoa não seria nada sem as duas anteriores. De maneira que, o Espírito Santo é como que o fruto de uma relação: é como que a Plenitude, a Maturidade, a Pessoa acabada.

Essa terceira *pessoa* constitui, naquele Abismo, o que chamaríamos de Lar; e origina uma corrente vital, em forma de circuito, entre as Três Pessoas divinas, uma corrente infinita e inefável de simpatia, conhecimento e amor. Toda essa vitalidade foi resumida por Jesus, quando disse que os três são Um.

Dessa maneira, naquela Casa, tudo é comum. Usando nossa linguagem, cada pessoa é essencialmente *mesmidade* (interioridade), e essencialmente *relação*, mas uma relação subsistente, isto é, da relação depende o Ser.

* * *

Essa comunicação (relação) faz das Três Pessoas uma comum-unidade ("como nós somos um"), de tal forma que as Três Pessoas divinas têm – repito – tudo *em comum*: têm o mesmo conhecimento e o mesmo poder. Todavia, apesar de ter tudo em comum, nenhuma pessoa perde sua mesmidade, mas subsiste como realidade diferenciada, toda inteira. Portanto, não existe fusão. Existe união: identidade de pessoa e comunhão de bens.

* * *

Aqui está a chave da comunidade: ser diferentes na comunicação de si mesmos, principalmente porque não se trata de intercambiar bens ou palavras, mas interioridades. Cada pessoa divina, como cada pessoa humana, é um sujeito verdadeiro. Entretanto, são, devem ser, sujeitos que *dão* e que *recebem tudo* o que têm e tudo o que são.

Em outras palavras: naquela inefável Comunidade, cada pessoa, permanecendo subsistente em si mesma, é, ao mesmo tempo, *Dom de si*; de tal maneira que o Verbo, procedendo do Pai, possui e conserva as mesmas perfeições do Pai. O Espírito Santo, que procede do Pai e do Filho, possui e conserva as mesmas perfeições das pessoas de quem procede. É assim que se "realizam" essas pessoas: dando e recebendo.

Se aplicarmos isso à realidade humana, poderemos concluir que a pessoa humana se "realiza" tanto ao receber de outro sujeito tudo quanto ele é, como ao dar a esse mesmo sujeito tudo quanto ela própria é.

* * *

De tudo quanto acabamos de explicar neste capítulo, surge a necessidade de corresponsabilidade, participação e interdependência entre os membros de uma comunidade. Numa palavra, *a solidariedade*.

> [...] o homem, única criatura sobre a terra a ser querida por Deus por si mesma, não se pode encontrar plenamente a não ser no sincero dom de si mesmo (*Gaudium et spes*, 24).

> [...] o homem cresce segundo todas as suas qualidades e torna-se capaz de responder à própria vocação, graças ao contacto com os demais, ao mútuo serviço e ao diálogo com seus irmãos (*Gaudium et spes*, 25).

CAPÍTULO II

O MISTÉRIO DA FRATERNIDADE

Em primeiro lugar, a fraternidade cristã não é um ideal, mas uma realidade divina. Em segundo lugar, a fraternidade cristã é uma realidade espiritual e não uma realidade psíquica.

Dietrich Bonhoeffer

1. GRUPOS HUMANOS E FRATERNIDADE

Nos últimos anos, foram desaparecendo numerosas comunidades religiosas, em muitos países. Foi um fenômeno doloroso e muito complexo, difícil de ser analisado e fácil de ser simplificado.

Deixaram-se levar por "animadores" secularizados. Reduziram a fraternidade a dimensões de simples grupo humano. Em lugar de apoiarem-se nos fundamentos da fé, puseram em prática, quase exclusivamente, técnicas de relacionamento humano. Disseram-lhes que a solução mágica de todos os males consistia em separar as províncias em pequenas comunidades. Outras causas, como a crise de identidade e a crise de crescimento, contribuíram também para criar essa situação.

Resultado? Províncias inteiras se desagregaram. A nuvem da desorientação cobriu amplos horizontes. A ansiedade e a tristeza apoderaram-se de comunidades e de províncias. Entre as diversas causas que motivaram essa situação, a principal, em minha opinião, foi ter perdido de vista a natureza evangélica da fraternidade.

Grupos humanos

Quais são os motivos ou fundamentos que, em geral, levam os seres humanos a se agruparem e a conviverem?

Em primeiro lugar, a *sexualidade afetiva* une um homem e uma mulher, constituindo o matrimônio, e nasce a primeira comunidade.

Essa atração é uma força primitiva, profunda e poderosa, que aglutina de tal forma um homem com uma mulher que, de agora em diante, tudo vai ser comum entre eles: projetos, bens, alegrias, fracassos... Fez de dois corpos um corpo, de dois corações um coração, de duas existências uma existência... até a morte e além dela.

Esse afeto constitui o que chamam de *sentido de vida*, de tal maneira que, mesmo que os cônjuges sejam velhos, doentes, pobres ou fracassados, o afeto, se existe, dá alegria e sentido a suas vidas.

O segundo grupo humano é o *lar* ou família, cujo fundamento é a *consanguinidade* ou sangue comum. Os filhos nascidos daquele casamento são e se chamam *irmãos*, e formam, com seus pais, uma comunidade de amor e de interesses. O que há de comum entre eles é o sangue. O parentesco é uma prolongação da família.

Em terceiro lugar, a *afinidade* dá origem, na sociedade, aos diferentes círculos de amigos. Assim como a consanguinidade é uma realidade biológica, a afinidade pertence à esfera psicológica. É uma espécie de simpatia, que não se busca nem se cultiva, mas nasce espontaneamente, como alguma coisa natural e preexistente, entre duas pessoas.

Essa afinidade origina grupos de amigos, que vêm a ser como que comunidades espontâneas. Às vezes esses grupos têm maior solidez e mais calor que alguns lares. Na sociedade, há muitos que preferem relacionar-se mais com os amigos do que com os parentes.

Outra razão, menos comum, para os seres humanos se juntarem e conviverem é a *proximidade* ou motivos patrióticos. Por exemplo, se dois argentinos, que nunca se viram, vierem a se encontrar por acaso em Paris, sentirão a confiança de velhos amigos desde o primeiro momento, como se fossem quase irmãos. É a força coesiva do que chamamos *pátria*. E o que é a pátria senão uma família muito numerosa?

Finalmente, um último fundamento que congrega e faz conviverem os seres humanos são os *interesses comuns*. Cinco homens se reúnem todos os dias e convivem durante oito horas diárias. Quem são? Os membros da diretoria de uma grande indústria. O interesse comum de uma boa produção faz com que os cinco se aceitem, compreendam-se e superem seus conflitos pessoais.

Nova Comunidade

Chega Jesus. Passa por cima de todas essas motivações e assenta um novo fundamento, absolutamente diferente dos anteriores, sobre o qual, pelo qual e no qual os seres humanos, daí por diante, poderão juntar-se e conviver até a morte: o Pai.

Jesus, sem o dizer, declara que já caducaram os tempos em que se dizia: somos filhos de Abraão. A carne (consanguinidade) não serve para nada, diz Jesus. Deus é nosso Pai e, por conseguinte, todos nós somos irmãos. Os que experimentaram vivamente que Deus é "meu Pai" experimentarão também que o próximo que está ao lado é "meu irmão". Romperam-se todos os círculos estreitos da carne, e tudo ficou aberto para a universalidade do espírito.

Jesus estava em uma casa de Cafarnaum, dedicava-se à formação de um grupo de discípulos. Sua mãe chegou com uns parentes. Bateu à porta, alguém saiu e comunicou a Jesus: "Mestre, sua mãe está aí e quer falar com você". Por um instante, Jesus ficou como que surpreso. Depois, elevando a voz e alçando voo acima das realidades humanas, perguntou: "Minha mãe? Quem é minha mãe?". E, sem esperar resposta, estendeu os braços e o olhar a todos os que o rodeavam e afirmou: "Estes são minha mãe e meus irmãos. E não só estes. Todo que tomar a Deus por Pai e cumprir sua vontade, para mim esse é irmão, irmã e mãe" (Mc 3,33-35).

Palavras impressionantes. Já temos um novo fundamento para uma nova comunidade: Deus-Pai. Seduzidos por Deus, homens que nunca se conheceram, provenientes de diversos continentes e raças, eventualmente sem afinidade temperamental, poderão, a partir de agora, reunir-se para amar-se, respeitar-se, perdoar-se, compreender-se, abrir-se e comunicar-se. Nasceu a Comunidade à sombra da Palavra.

Aquela união, originada e consumada pela consanguinidade em outros grupos humanos, nesta nova comunidade vai ser consumada pela presença viva do Pai.

Escolas de mediocridade?

Não são espontâneos e naturais os laços que unem uns aos outros nas comunidades religiosas. Não fomos trazidos para esta convivência nem pela atração sexual, nem pela afinidade de velhos amigos, nem pelo parentesco, nem por sermos concidadãos, ou por qualquer outro interesse extrínseco ao grupo.

Viemos para a vida religiosa e nos *encontramos* com certas pessoas, digamos assim, com alguns companheiros. Não viemos em busca dessas pessoas. Atrever-me-ia até a dizer que, em princípio, elas não nos interessavam, podiam ser quaisquer outras, eram-nos indiferentes.

A única coisa que tínhamos e temos em comum com essas pessoas é que elas foram seduzidas por Jesus, e eu também. Querem pertencer exclusivamente a ele, e eu também. Renunciaram ao casamento para viver em virgindade e por Jesus, e eu também.

Conclusão: o único elemento comum entre nós todos é Jesus. A *experiência de Jesus* transformou em *irmãos* alguns "companheiros" que não estavam ligados por nenhuma conexão humana. Nasceu a fraternidade evangélica, diferente, em sua raiz, de todas as outras comunidades humanas.

Portanto, a diferença intrínseca, formal e definitiva entre um grupo humano e uma comunidade evangélica é Jesus. O que nos juntou foi a experiência religiosa, o encontro pessoal com o Senhor Jesus Cristo. Unimo-nos sem nos conhecer, sem consanguinidade e, possivelmente, sem afinidade. Juntamo-nos porque cremos em Jesus e o amamos, e convivemos porque ele nos deu o exemplo e o preceito do amor mútuo. O próprio Deus é o mistério final da fraternidade evangélica.

Se esquecermos essa raiz original e aglutinante, nossas comunidades degenerarão em qualquer coisa. E se, neste momento, o andamento de nossa comunidade não estiver presidido pela experiência de Jesus, nossas comunidades acabarão como escolas de egoísmo e de mediocridade.

Um longo caminho

Naqueles dias, Paulo estava ansioso por ver tanta divisão e tanta idolatria, em Atenas. Alguns acadêmicos o levaram ao paraninfo da universidade e lhe disseram: "Fale, que queremos ouvi-lo". Paulo ficou em pé e disse: "Deus fez brotar de um só homem a estirpe humana" (At 17,26).

Só por esse fato, Deus depositou desde o princípio no coração humano a semente e a aspiração para a fraternidade universal.

Entretanto, a palavra "irmão" designa, nos primeiros livros da Bíblia, os que nasceram de um mesmo seio materno. Em algumas passagens designa também, por exceção, os que pertenciam a uma mesma tribo (Dt 25,3). Mais tarde, designa também todos os filhos de Abraão. Mas não passou disso.

* * *

Muito depressa, na própria aurora da humanidade, vemos essa fraternidade primitiva ensanguentada.

Que acontecera? Como prelúdio de todos os ódios e homicídios, Caim tinha executado Abel, por inveja. Pior que isso, a indiferença e o desprezo estenderam suas asas negras sobre o paraíso. Quando lhe perguntaram: "Onde está seu irmão?" ressoou nas colinas do paraíso a resposta brutal: "Sei lá?! Quem me encarregou de cuidar de meu irmão?" (Gn 4,9).

E assim deparamos com o egoísmo, a inveja e o desprezo projetando sua sombra maldita sobre as primeiras páginas da Bíblia.

Desde esse momento até o fim do mundo, o egoísmo vai levantar suas altas muralhas entre irmãos. Que tremenda carga psicanalítica contêm as palavras de Deus a Caim: "Por que anda sombrio e cabisbaixo? Se você procedesse com retidão, é claro que andaria de cabeça erguida. Mas acontece que o egoísmo se esconde, encolhido atrás de sua porta. Ele o espreita como uma fera. Mas você tem que dominá-lo" (Gn 4,7).

Aí está o programa: controlar todos os ímpetos agressivos que se levantam a partir do egoísmo. Suavizá-los, transformando-os em energia de amor, e relacionar-nos, uns com os outros, em forma de abertura, compreensão e acolhimento.

Mas quem é capaz de derrotar o egoísmo e fazer essa milagrosa transformação? O chamado *inconsciente* é uma força primitiva, selvagem e ameaçadora. Quem poderia dominá-lo? O Concílio responde que já houve alguém que o derrotou: Jesus Cristo (cf. *Gaudium et spes,* 22).

Prosseguindo esta longa história, vamos ver como ela continua e desemboca na história pessoal de Jesus.

2. JESUS NA FRATERNIDADE DOS DOZE

Deixar-se amar

Jesus partiu para o combate do espírito depois de ter experimentado o amor do Pai.

No crescimento evolutivo de suas experiências humanas e também divinas (Lc 2,52), Jesus, quando jovem de 20 ou 25 anos, foi experimentando progressivamente que Deus não é, acima de tudo, o Inacessível e o Inominado, aquele com quem tinha tratado desde o colo de sua Mãe.

Pouco a pouco, deixando-se levar pelos impulsos de intimidade e de ternura, Jesus chegou a sentir progressivamente algo inconfundível: que Deus é como um Pai muito querido; que o Pai não é, antes de tudo, temor, mas amor; que não é, antes de tudo, justiça, mas misericórdia; que o primeiro mandamento não consiste em amar o Pai, mas em deixar-se amar por ele.

A intimidade entre Jesus e o Pai foi avançando muito mais longe. Quando a confiança – de Jesus para com seu Pai – perdeu fronteiras e controles, um dia (não sei se era noite), saiu da boca de Jesus a palavra da maior emotividade e intimidade: "Abbá, querido Papai!".

* * *

Agora sim, Jesus podia sair pelos caminhos e pelas montanhas para comunicar a grande notícia: que o Pai está perto, que olha por nós, que nos ama. E revelou-nos o Pai, com comparações cheias de beleza e de emoção.

Vocês já viram alguma vez um menino esfomeado pedir a seu pai um pedaço de pão e receber uma pedra para quebrar os dentes? Ou se pedir peixe frito, acham que o pai vai dar-lhe um escorpião para que o pique e o mate? Desabrocham as primaveras, brilham as flores, os pássaros fazem ninhos, tudo se cobre de esplendor, faíscam as estrelas lá em cima. Quem dá vida e beleza a tudo isso? O Pai preocupa-se com tudo. Por acaso vocês não valem mais que os pardais, as flores e as estrelas? Até os cabelos de sua cabeça e os passos de seus pés, tudo está contado. O Pai não nos vigia; ele cuida de nós.

Peçam, chamem, batam às portas. As portas serão abertas, encontrarão o que procuram, receberão o que pedem. Sua única preocupação deve ser deixar-se envolver e amar pelo Pai. Se vocês soubessem quanto são amados por ele, se vocês conhecessem o Pai... nunca saberiam o que é tristeza nem o que é medo. E, a partir de agora, comportem-se com os outros como o Pai procede com vocês.

* * *

Há muito tempo tenho a maior convicção de que viver o Evangelho consiste, originalmente, em experimentar o amor do Pai, precisamente do Pai. Quando se sente isso, surge no coração humano um desejo incontido de tratar todos os outros como o Pai me trata. A partir dessa experiência, o outro se transforma, para mim, em um *irmão*.

Intimamente também estou completamente seguro de que foi isso que aconteceu com Jesus: experimentou intensamente o amor do Pai, quando era jovem. Impelido pelo dinamismo desse amor, Jesus saiu pelo mundo para tratar a todos como tinha sido tratado pelo Pai. Como meu Pai me amou, assim eu amei vocês.

É esse programa que Jesus propõe aos seres humanos. Essa é a revolução, a "novidade" profunda e radical do Evangelho. Jesus é *seu filho* amado. Nós somos seus filhos amados.

Assim compreendemos a motivação ou sentido profundo das atitudes evangélicas de Jesus. Quando o Senhor Jesus, aos 12 anos, responde à sua mãe que o Pai é sua única ocupação e preocupação, quer dizer, com outras palavras: *meu Pai é minha mãe*, querendo dizer que toda a ternura que sua Mãe lhe poderia dar já tinha sido dada por seu Pai.

Quando Jesus diz que a vontade do Pai nos constitui como pai, mãe, esposa... (Mt 12,50), quer dizer o seguinte: que o amor do Pai nos faz sentir uma ternura muito mais profunda que a de uma esposa; causa mais doçura que a de uma mãe muito querida, e maior satisfação que milhares de propriedades e terrenos.

Surge assim a comunidade, como uma necessidade de amor, como um espaço vital onde se podem derramar as energias e o calor que armazenamos, provenientes do sol que é o Pai.

* * *

O modelo de relacionamento mútuo em uma comunidade é o próprio Pai. O programa de Jesus resume-se nisto: sejam como o Pai.

Se vocês amam a quem os ama, qual é o mérito? Até os publicanos fazem assim. Se vocês só querem conviver com os que são do seu agrado ou da sua mentalidade, onde está a novidade? É uma reação instintiva. Olhem para seu Pai. Vocês acham que esse sol só aquece e fecunda o campo dos justos? Também os campos dos injustos e dos traidores são iluminados por ele. O Pai é assim. Os homens blasfemam contra ele e ele lhes envia um sol fecundante. Sejam como ele.

Se vocês só são carinhosos e só cumprimentam seus parentes e amigos, em que se distinguem dos outros? Até os ateus procedem assim.

Olhem a chuva. Por acaso o Pai faz discriminações, regando só os campos dos bons, e deixando secos os dos blasfemos e ingratos? Ele não guarda rancor nem se vinga. Retribui o mal com o bem e manda indistintamente a chuva benéfica sobre uns e outros. Sejam como ele, e serão chamados de filhos benditos pelo Pai celestial.

Família itinerante

Mais que um colégio apostólico ou escola de perfeição, o grupo dos Doze foi uma família sem morada, caminhando debaixo de todos os céus e dormindo sob as estrelas, família em que Jesus foi o *irmão* que tratou a todos como tinha sido tratado pelo Pai.

Como em uma família, foi sincero e veraz para com eles. Abriu-lhes seu coração e lhes manifestou que iam crucificá-lo e matá-lo, mas ressuscitaria ao terceiro dia. Preveniu-os dos perigos, alentou-os nas dificuldades, alegrou-se com seus êxitos.

Tratou-os como "amigos" porque uma pessoa é amiga de outra quando lhe manifesta toda a sua intimidade. Numa tremenda reação de sinceridade, manifestou-lhes que sentia tristeza e medo. Parece-me que Jesus chegou quase a mendigar consolação quando, no Getsêmani, foi vê-los e os encontrou dormindo. Muitos anos depois, Pedro recordava com emoção que nunca ninguém tinha descoberto ambiguidade ou mentira em sua boca.

Mas também foi exigente e compreensivo com eles. Como em todo grupo humano, ali também nasceram e cresceram as ervas da rivalidade e da inveja. Jesus precisou de extraordinário tato e delicadeza para suavizar as tensões e superar as rivalidades com critérios de eternidade. Com infinita paciência, em numerosas oportunidades, corrigiu-lhes a mentalidade mundana.

Lavou os pés deles. Foi delicado com o traidor, tratando-o com uma palavra amiga. Foi compreensivo com Pedro, olhando-o com misericórdia. Foi carinhoso com André e Bartolomeu. Foi principalmente um semeador infatigável de esperança. Demonstrou paciência com todos e em todos os momentos. Só uma vez aparece uma centelha de impaciência: "até quando!" (Lc 9,41). Afora esse momento, a paz para com eles foi a tônica geral.

Assim nasceu a primeira fraternidade evangélica, modelo de todas as comunidades religiosas.

Exemplo e preceito

O que estamos afirmando a todo momento, isto é, que Jesus tratou os seus como tinha sido tratado pelo Pai, ele o declarou explicitamente:

> Assim como o Pai me amou,
> também eu vos amei.
> Agora façam o mesmo entre vocês (Jo 15,9).

Jesus está fazendo uma transmissão: "Eu recebi o amor do Pai e o comuniquei a vocês. Agora, comuniquem-se mutuamente esse amor, tratem-se uns aos outros como o Pai me tratou e como eu tratei vocês. Vivam amando-se".

Jesus, sabendo que tinha chegado sua hora, a hora de voltar para a Casa do Pai, e que dispunha de pouco tempo para estar com eles, abriu-lhes todas as portas de sua intimidade, uma abertura total.

Em um gesto dramático, ajoelhou-se diante deles, lavou-lhes os pés, suprema expressão de humildade e de amor. E lhes disse:

> Agora façam o mesmo; tratem-se com veneração e carinho.
> Nunca se viu um simples operário ocupar o lugar e a função do patrão. Também nunca se soube de um mensageiro ou enviado que tivesse maior categoria que aquele que o enviou. Vocês me chamam mestre e senhor, e eu o sou de fato. Já viram o senhor servindo à mesa? Mas eu, apesar de ser mestre e senhor, quebrei todos os precedentes e vocês me viram no chão, a seus pés, servindo-lhes agora a comida. Já lhes dei o exemplo. Agora tenho autoridade moral para lhes dar o preceito: amem-se!
> Querem saber quem é o maior? Os homens deste mundo, para afirmar sua personalidade e autoridade, fazem demonstrações de força. Põem os pés sobre a cabeça dos súditos e os oprimem com brutalidade. É assim que eles se sentem superiores. Vocês não. Se algum de vocês quiser ser grande, faça-se como o que está aos pés dos outros para reverenciá-los, servi-los à mesa, lavar-lhes e enxugar-lhes os pés. Amem-se! [...]

Vou embora. Como lembrança, deixo-lhes uma herança: minha própria felicidade. Vocês já me viram triste? No meio do combate, sempre me viram em paz, nunca ressentido. Essa mesma paz eu lhes deixo como herança. Sejam felizes. Este é meu preceito fundamental: amem-se uns aos outros!

Jesus levantou os olhos e, com uma expressão feita de veneração e de carinho, dirigiu ao Pai esta súplica:

Pai santo,
Tirando-os do mundo, entregaste todos estes em minhas mãos, aos meus cuidados. Eu lhes expliquei quem és tu. Agora eles sabem quem és tu e sabem também que eu nasci de teu amor. Eram teus, e tu mos entregaste como irmãos, e eu cuidei deles, melhor do que uma mãe cuida de seu filhinho. Convivi com eles durante estes anos: como tu me trataste assim eu os tratei.
Mas agora tenho que deixá-los, com pena; vou sair do mundo e regressar para ti, porque tu és meu lar. Mas eles ficam no mundo. Pai querido, temo por eles, o mundo está dentro deles: temo que o egoísmo, os interesses e as rivalidades desfaçam a unidade entre eles.
Eram teus e os entregaste a mim, agora que me afasto deles eu os devolvo. Guarda-os com carinho. Enquanto estava com eles, eu cuidava deles. Agora é tua vez. Temo por eles, conheço-os bem. Não permitas que os interesses os dividam e que as rivalidades acabem extinguindo a paz. Que sejam UM, Pai amado, como tu e eu. Não é necessário que os retires do mundo. Derruba neles as altas muralhas levantadas pelo egoísmo. Aterra os fossos e aplaina as lombadas para que eles sejam verdadeiramente unidade e santidade.

Como tu, Pai, estás em mim e eu em ti, sejam também eles consumados no nosso UM.

"Meus irmãos"

Depois de viver três anos no seio daquela família itinerante, pondo em prática todas as exigências do amor, no fim, antes de subir aos céus para ir ao encontro do Pai, Jesus deu a razão profunda daquela convivência singular:

Vai a *meus irmãos* e dize-lhes:
Subo a meu Pai e vosso Pai;
a meu Deus e vosso Deus (Jo 20,17).

Estranho! Antes de morrer, quando a semelhança de Jesus com os seus era total, ele os chama de amigos como um grande privilégio, porque tinha aberto sua intimidade e manifestado os segredos arcanos de sua interioridade.

Mas agora, depois de morto e ressuscitado, quando Jesus já não pertencia à esfera humana, surpreendente e repentinamente começa a chamá-los meus irmãos. Esse é o segredo: Jesus, durante aqueles anos, cuidou deles com tanto carinho e lutou para formar com eles uma família unida porque o Pai de Jesus era também o Pai dos apóstolos, e o Deus daqueles pescadores era também o Deus de Jesus.

Existia, portanto, uma raiz subterrânea que mantinha em pé todas aquelas árvores. Para além das diferenças de temperamento ou de posição social, uma corrente elementar unificava, em um processo identificante, todos os que tinham um Pai comum.

O mistério existencial da vida fraterna consistira sempre em impor as convicções de fé sobre as emoções espontâneas.

Não gosto deste indivíduo, o instinto me impele a separar-me dele. Este outro é reticente comigo ou me fecha a cara, minha reação espontânea é tratá-lo da mesma maneira. Sei que aquele outro falou mal de mim; desde então não posso deixar de olhá-lo como inimigo, e de tratá-lo como tal...

Será necessário impor, por cima dessas reações naturais, as convicções de fé: o Pai desse irmão é meu Pai. O Deus que me amou e me acolheu é o Deus desse irmão. Será necessário abrir-me, aceitá-lo e acolhê-lo como filho de "meu Pai".

Signo e meta

Houve, portanto, nos últimos tempos, uma explosão da benignidade e amor de nosso Salvador para com os homens (Tt 3,4). Os que foram redimidos pelo amor, sentindo-se admirados, emocionados e agradecidos por tanta predileção, chegam decididamente a esta conclusão:

> Se Deus nos amou dessa maneira,
> nós também devemos amar-nos
> uns aos outros (1Jo 4,7).

Quando alguém tiver experimentado previamente esse *amor primeiro*, não terá dificuldades especiais na vivência diária do amor. Tudo fica solucionado ou em vias de solução: problemas de adaptação, tensões e crises, dificuldades de perdoar e de adaptar-se.

* * *

Quando desaparece a comunidade itinerante de Jesus, pela dispersão dos Apóstolos no mundo, surge em Jerusalém uma cópia da família apostólica. E os Atos nos apresentam a comunidade de Jerusalém como o ideal da existência cristã.

Viviam unidos. Tinham tudo em comum. Eram alegres. Nunca usavam adjetivos possessivos: "meu", "seu". Iam diariamente, e com fervor, ao templo. Gozavam da simpatia de todos. Numa palavra, tinham um só coração e uma só alma. E tudo isso causava enorme impressão no povo.

A fraternidade evangélica tem sua razão de ser em si mesma: ser um ambiente em que os irmãos procuram estabelecer verdadeiras relações interpessoais e fraternas.

Fraternidade não quer dizer apenas que vivemos juntos, uns e outros, ajudando-nos e nos complementando numa tarefa comum, como em uma equipe de pastoral, mas, e principalmente, que temos o olhar posto uns nos outros para nos amarmos mutuamente. Mais do que isso, quer dizer que vivemos uns-com-os-outros, de acordo com o exemplo e o preceito do Senhor.

* * *

Esse amor, vivido pelos irmãos no meio do mundo, chamará a atenção e será o argumento palpável de que Jesus é o enviado do Pai, de que está vivo entre nós. Quando as pessoas observarem um grupo de irmãos que vivem unidos em feliz harmonia, vão acabar pensando que Cristo deve estar vivo. Não haveria outra maneira para explicar tamanha beleza fraterna. Dessa forma, a fraternidade torna-se um *sacramento*, sinal indiscutível e profético da potência libertadora de Deus.

O povo tem uma sensibilidade muito grande. Percebe com certeza quando reina entre os irmãos a inveja, ou a indiferença, ou a harmonia.

O povo sabe, por experiência própria, quanto custa amar as pessoas difíceis, que generosidade o amor oblativo supõe. Uma comunidade unida transforma-se rapidamente, para o Povo de Deus, em um signo de admiração, e também em um signo de interrogação que o questiona e obriga a interrogar-se sobre a ação redentora de Jesus, cujos frutos estão à vista.

* * *

Jesus confiou muitas tarefas aos seus. Disse-lhes que se preocupassem com os necessitados e o que fizessem por eles, teriam feito para o próprio Jesus. Disse-lhes como haveriam de defender-se quando fossem levados aos tribunais. Pediu-lhes que tratassem dos leprosos, curassem os doentes, ressuscitassem os mortos. Mandou que percorressem o mundo anunciando as notícias da última hora.

Mas, no último momento, com caráter urgente de testamento final, comunicou-lhes que, entre todas as atividades indicadas ou prescritas, a essencial era viverem amando-se uns aos outros, até que ele voltasse.

Por isso, a fraternidade é a *meta* para os seguidores de Jesus.

Aceitar Jesus como irmão

Deus é amor porque amar significa *dar*. E Deus nos *deu* o que mais queria: seu Filho. Portanto, Jesus Cristo é o dom dos dons, o máximo dos presentes.

Se o amor é o fundamento da fraternidade, e Jesus é o centro desse amor, temos que concluir que Jesus Cristo é o Mistério Total da Fraternidade. O segredo do êxito comunitário está em aceitar Jesus no seio da comunidade, como Dom do Pai e nosso *irmão*.

* * *

As insistências de Bonhoeffer impressionam. O pastor luterano sabia, por experiência própria, o que significa viver em comunidade. Quase que desde o começo de sua atividade ministerial tinha sido orientador espiritual dos seminaristas teólogos da Igreja Confessante da Pomerânia. Em suas orientações comunitárias, insiste, de forma quase exclusivista, sobre o caráter espiritual da comunidade.

Esse homem, que se equilibrou "entre a resistência e a submissão" e acabou sua vida, como testemunha de Jesus, nas mãos dos coronéis da SS, não achava que o irmão deve buscar a Deus no outro irmão, como se diz hoje, mas que um irmão só pode chegar ao outro *mediante Jesus Cristo*.

E acrescenta que fomos escolhidos desde a eternidade como irmãos em Jesus Cristo, fomos aceitos no tempo, e unidos para a eternidade.

> Só mediante Jesus Cristo é possível que alguém seja irmão do outro.
> Eu sou irmão para o outro, graças ao que Jesus Cristo fez por mim e em mim. O outro se converteu em meu irmão, graças ao que Jesus Cristo fez por ele e nele.
> O fato de sermos irmãos apenas por Jesus Cristo é de uma transcendência incomensurável. Porque significa que o irmão que está diante de mim na comunidade não é aquele outro ser sério, piedoso, que anseia pela

> irmandade. O irmão é aquele outro redimido por Cristo, absolvido de seus pecados, chamado à fé e à vida eterna. Nossa comunhão consiste apenas no que Cristo fez em nós dois. Estou e estarei em comunidade com o outro, unicamente por Jesus Cristo.
> Quanto mais autêntica e profunda ela for, tanto mais retrocederá tudo que havia entre nós; com tanto maior clareza e pureza viverá entre nós Jesus Cristo e sua obra, só e exclusivamente.
> Nós nos pertencemos unicamente por meio de Jesus Cristo. Mas, por meio de Cristo e sua obra, nós nos *possuímos* também uns aos outros, na realidade, por toda a eternidade.

A comunidade chegará à maturidade e unidade tanto quanto aceitarmos Jesus como *irmão*, e o acolhermos como um componente de nossa fraternidade.

Aceitar Jesus quer dizer que a comunidade o reconhece vitalmente e admite sua presença invisível e real. Quer dizer também que a comunidade não só o integra como um membro vivo, mas, principalmente, que o considera como o elemento principal de integração.

Aceitar Jesus quer dizer que sua presença nos incomoda, questiona e desafia quando, no seio da comunidade, surgem aquelas reações que perturbam a paz. Aceitá-lo quer dizer, também, que o *irmão* nos faz sentir realizados em nosso projeto de vida, que ele desfaz nossos temores interiores e nos obriga a sair de nós mesmos para perdoar, aceitar e acolher.

Aceitar Jesus quer dizer que respeitamos e reverenciamos qualquer irmão como o próprio Jesus, e que nos esforçamos por não fazer nenhuma diferença entre o irmão e o *irmão*.

> Sem Cristo, há discórdia entre Deus e o homem, entre o homem e o homem. Cristo se fez mediador e estabeleceu a paz com Deus e entre os homens.
> Sem Cristo não reconheceríamos o irmão nem poderíamos chegar a ele. O caminho está bloqueado pelo próprio eu.
> Cristo abriu o caminho que leva a Deus e ao irmão. Agora os cristãos podem conviver em paz, amar e servir uns aos outros; podem chegar a ser um só corpo.
> Unicamente em Jesus Cristo somos um só corpo. Unicamente por meio dele estamos unidos.

Sem Jesus Cristo, que será do grupo de homens ou de mulheres, sem nenhum fundamento que os una, sem consanguinidade, sem interesses comuns, muitas vezes sem afinidade? Podemos imaginar o quadro: predomínio dos interesses, personalismos e individualismos.

Até mais. Atrevo-me a dizer que a instituição fraterna, sem um Cristo vivo e verdadeiro, é uma invenção artificial e absurda, fonte de repressão, neuroses e conflitos, numa palavra – como já dissemos – uma escola de mediocridade e de egoísmo.

Nosso Bonhoeffer passou um ano e meio preso, vigiado pela Gestapo, no setor militar de Berlim. De lá escreveu a seus parentes diversas cartas que, hoje, são páginas de sabedoria. Mais tarde, foi transferido para outra prisão e submetido a uma vigilância mais estrita. Um dia, sua família percebeu que Dietrich tinha desaparecido. A Gestapo negou qualquer explicação. Nunca mais se soube dele. Muito mais tarde, fez-se luz sobre seu fim: acabou seus dias como verdadeira testemunha de Jesus, nas mãos da Gestapo.

Quando Deus se fez misericordioso, revelando-nos Jesus como irmão; quando conquistou nosso coração pelo amor, começou também a instruir-nos no amor fraterno.
Tendo-se Deus manifestado como misericordioso, aprendemos ao mesmo tempo a sermos misericordiosos com nossos irmãos.
Tendo recebido perdão em vez de julgamento, estávamos preparados para perdoar o irmão.
O que Deus fizera em nós, tínhamos de fazê-lo, consequentemente, para nosso irmão.
Quanto mais tínhamos recebido, tanto mais devíamos dar. Desse modo, o próprio Deus nos ensina a nos encontrarmos uns aos outros, como Deus nos tinha encontrado em Cristo. "Portanto, acolhei-vos uns aos outros, como também Cristo nos acolheu, para glória" (Rm 15,7).[3]

3. A REDENÇÃO DOS IMPULSOS

Os filhos da "carne"

Das profundidades do inconsciente afloram à superfície do ser humano as energias não redimidas, filhas da "carne": orgulho, vaidade, inveja, ódio, ressentimentos, rancor, vingança, desejo de possuir pessoas ou coisas, egoísmo e arrogância, medo, timidez, angústia, agressividade.

São essas as forças primitivas que lançam irmão contra irmão, separam, obscurecem, obstruem e destroem a unidade. Sem Deus, a fraternidade é utopia.

---

[3] Id. ibid., p. 15.

Só Deus pode descer às profundezas originais do ser humano para acalmar as ondas, controlar as energias e transformá-las em amor.

O brado geral das ciências humanas proclama que o ser humano age sob o impulso do prazer. Chamam a isso motivo da conduta. Basta abrir os olhos para perceber que o prazer, mais que a convicção, é o motivo geral que origina, condiciona e determina a conduta humana.

Por exemplo, por gosto, ninguém perdoa. Por gosto, não se aceitam os neuróticos nem se convive com os difíceis. Por gosto, na hora de formar uma comunidade, faz-se uma seleção, eliminando os que não são da própria "linha", e ficando com os que têm o mesmo temperamento ou mentalidade.

Também existe o prazer da vingança e a alegria pelo fracasso do adversário. Algumas pessoas dificilmente dissimulam a satisfação pelas derrotas alheias. Só vendo o entusiasmo que algumas pessoas demonstram quando tramam e executam planos de represália, maquiavelicamente urdidos, contra seus adversários!

Como se vê, sempre há um prazer que motiva as reações humanas, e essas motivações nascem, às vezes, nas profundezas não redimidas. Precisamos de um Redentor.

O motivo profundo

Uma fraternidade terá êxito se Deus for o motivo dos comportamentos fraternos.

Na intimidade do ser humano, entre mil possíveis ações, há uma opção. Cumprimento ou não essa pessoa que ontem me importunou? A cada decisão corresponde sempre um motivo impulsor, às vezes não muito bem vislumbrado. Vou cumprimentá-la (decisão). Motivo? Temor de perder a boa imagem diante da opinião pública. Vou deixar de cumprimentá-la durante três dias (decisão) para que (motivo) tome consciência de que me ofendeu.

O motivo que impede e concretiza nossa conduta às vezes é confuso. Tivemos uma revisão de vida na fraternidade. No decorrer da reflexão, alguém assumiu e manteve uma atitude altiva, quase agressiva, diante dos outros irmãos. Conversando com ele mais tarde, em particular, disse que procedeu assim porque estava convencido de que essa era a posição correta. Mas acabou reconhecendo que o impulso profundo de sua atitude foi a necessidade de autoafirmação.

* * *

Outras vezes, os motivos que aparecem em primeiro plano não são os verdadeiros propulsores; são outros que estão enterrados nas profundidades.

A pessoa dominou uma explosão, cedeu em uma discussão, calou-se em uma polêmica. Crê que o fez por humildade ou por sentido fraterno. Mas os verdadeiros motivos foram muito diferentes: medo do ridículo, insegurança, timidez, temor de perder a estima da comunidade.

O motivo de uma superestima de si mesmo pode levar uma pessoa a comportamentos que, à primeira vista, poderiam significar desestima de si mesmo. São jogos estranhos, causados por forças que vêm de regiões muito longínquas!

* * *

Comunidade de Fé quer dizer que os irmãos se esforçam para que os sentimentos, os reflexos e a conduta de Jesus sejam o motivo inspirador de suas reações, na convivência de todos os dias.

Em determinado momento, surgiram no interior de uma pessoa uma legião de impulsos que motivaram a decisão, por exemplo, de manter-se fechada diante de outra, de ferir a susceptibilidade de um tímido agressivo, de minar o prestígio de um autossuficiente... Nesse momento, a Palavra, Jesus e seus critérios, têm que sufocar todos esses impulsos obscuros, para que o irmão perdoe, aceite, estimule os outros irmãos da comunidade.

Nesses casos, a oração deve fazer vivamente presente Deus, cuja "lembrança" (presença) deve sufocar, em mim, as vozes do instinto, e motivar condutas semelhantes à de Jesus.

Uma vontade revestida e impulsionada por Jesus deve decidir soberanamente em nós, por cima das obscuras forças impulsoras e assim, em vez de ter uma reação explosiva, vou ficar em silêncio, como Jesus diante de Pilatos. Mais tarde, vou dialogar com calma e paz. Depois vou enterrar as lembranças ingratas de uma desavença. Agora vou ser delicado e paciente com todos, como Jesus foi com os seus.

É assim que nasce e cresce a comunidade sob a Palavra, na presença de Jesus.

O inconsciente

O inconsciente é uma região submersa, escura e ameaçadora. É parecido, em primeiro lugar, com um enorme cemitério de lembranças estranguladas (supressas ou reprimidas) e apagadas (esquecidas). Mas é, ao mesmo tempo, um vulcão de energias primitivas que, a qualquer momento, pode lançar uma massa fervente de impulsos agressivos.

O inconsciente é, essencialmente, egoísmo, e aí reina apenas o código do prazer: evitar o que é desagradável, conseguir tudo que satisfaça o egoísmo.

Por exemplo, quer acolher o encantador e rejeitar o antipático, quer conviver só com quem for do mesmo temperamento ou mentalidade, sente "necessidade" de vingar-se por uma ofensa antiga, depois sente o impulso de virar a cara para esta pessoa, de gritar aqui, de se inibir em outro momento, de insultar mais tarde, de organizar uma guerra de competição contra o próximo, depois, minar o prestígio de outro porque isso lhe dá não sei que estranha satisfação como compensação...

O inconsciente é assim. Em outras palavras, é exatamente o que Deus disse a Caim: "... o pecado está escondido, agachado, atrás da tua porta. Ele te espreita como uma fera. Mas tu tens que dominá-lo" (Gn 4,9).

* * *

Nascem os instintos e os impulsos, exigindo satisfação urgente, e assaltam a consciência para que lhes dê cobertura. A consciência acha que não deve deixar o caminho livre, mas nem sempre consegue dominar os níveis inferiores. Surge o conflito entre eles. Então, acontece o que diz São Paulo: "Faço o que não quisera fazer" (Rm 7,15).

Em algumas vicissitudes da comunidade (devido a situações de crise pessoal ou coletiva, ou quando falta a oração) surgem impetuosamente, no indivíduo, forças arcaicas e inferiores, dominando por completo a personalidade. Como consequência, produzem-se situações de alta tensão, abrem-se rachaduras no corpo da comunidade que, às vezes, duram muito tempo.

Só a presença viva de Jesus poderia, nesse momento, atenuar e equilibrar esses campos de força.

Nesses momentos, se Jesus não está vivo no coração dos irmãos, nascem os conflitos íntimos e as frustrações. Chegam também as ansiedades, que são portas abertas para a neurose. Aparecem as diferentes perturbações da personalidade. E, por esses caminhos, encontramos irmãos desolados, tristes e ansiosos.

* * *

A realidade é essa. Que podemos fazer? Como redimir impulsos tão primitivos? Como chegar a essa região tão recôndita e explosiva?

Eu me pergunto: a presença de Jesus pode redimir o inconsciente? A presença viva de Jesus poderia "povoar" aquela região, iluminar aquela escuridão, transfigurar lugares tão selvagens?

Parece-me que não. Essa região – o inconsciente – é o que São Paulo chama de "carne", e da carne só nascerão filhos da carne, a saber:

> fornicação, impureza, ciúmes, iras, rixas, divisões, dissensões, invejas, ódios, libertinagem, embriaguez, e coisas semelhantes (Gl 5,19-22).

Que fazer? Como será possível a fraternidade com esse porão? Que vai fazer Jesus para que o irmão não seja um lobo para com seu irmão?

É a consciência que deve estar alerta. Jesus precisa estar ocupando o campo da consciência. Quando surgirem em um irmão, a partir do inconsciente, esses impulsos violentos, e se apresentarem no campo da consciência, exigindo satisfação, esse é o momento e o lugar em que Jesus pode acalmar essa tempestade.

* * *

Dizer isso parece fácil. Mas também na vida a realidade é assim. A experiência de todos os dias no-lo confirma. Se o instinto de repulsa contra o irmão surge de repente, vindo da região escura do inconsciente, basta lembrar-me de Jesus e o instinto ficará sossegado: em lugar de repulsa, haverá acolhida para o irmão.

Quando me sinto ofendido, vem das regiões profundas do inconsciente o impulso de vingança exigida pelo código "olho por olho". Mas eu acordo, lembro-me de Jesus caluniado e silencioso diante dos juízes, e se acalma a sede de vingança.

De repente, tomo consciência de que uma obscura inimizade contra um irmão está silenciosamente lançando raízes em minha terra. Começo a pensar em Jesus, penso em sua conduta e, sem outra terapia, a inimizade começa a se extinguir. E com que facilidade!

Tivemos um mal-entendido na comunidade. Insultamo-nos. Foram passando os dias, quase sem falarmos. Jesus não nos deixou viver tranquilos enquanto não tivemos um diálogo franco e conciliador, e a paz voltou.

Uma pessoa tipicamente tímida sentiu-se dominada pelo impulso da fuga, devido a algumas desavenças confusas. Lembrou-se de Jesus, que subiu a Jerusalém para enfrentar grandes dificuldades, e foi ao encontro de seus irmãos para esclarecer, por meio de uma revisão de vida, situações bastante obscuras. E o fez com tanta paz...!

Que fazer e como agir para que tamanha maravilha não seja sonho, mas realidade? Há duas condições. Primeiro, que Jesus esteja verdadeiramente vivo no coração dos irmãos. Conseguirão isso por um trato frequente e profundo com ele. Segundo, estar acordados.

Viver atentos

Na convivência fraterna, é preciso viver atentos para que os impulsos não nos surpreendam. Temos que estar acordados e preparados para neutralizar as cargas de profundidade.

Viver atento quer dizer que essa faixa da personalidade, que chamamos consciência, tem de estar povoada por Jesus, um Jesus vivo e presente, para que suas reações sejam minhas reações, seus reflexos sejam meus reflexos, seu estilo, meu estilo.

As características dos impulsos são a surpresa e a violência. Quando estamos descuidados, somos capazes de qualquer barbaridade, de que nos arrependeremos depois. Dizemos: "Que horror!". Mas já está feito. Por um impulso somos capazes de arruinar, em poucos minutos, a unidade que tínhamos forjado dificultosamente durante muitos meses.

Imaturo é aquele em quem predomina o inconsciente em proporção maior e mais compulsivamente. Tais indivíduos deformam a realidade, projetando seu mundo interior no mundo exterior, e identificando-os. Quanto mais predominam as intenções conscientes em uma personalidade, maior será a maturidade e o equilíbrio. Será um membro integrado na fraternidade.

Há aqui uma progressão correlativa. Quanto mais se ora, mais Jesus está "vivo" na pessoa. Quanto mais "vivo" está, mais armada está a consciência do irmão por essa presença, e mais acordada. Quanto mais armada a consciência, mais fraco, correlativamente, está o inconsciente. Dessa maneira, suas reações e conduta serão mais racionais, equilibradas e fraternas.

CAPÍTULO III

CONDIÇÕES PRÉVIAS PARA AMAR

É preciso despertar, descartar as ilusões, e ver a realidade, tal como ela é.

Erich Fromm

Deixar que as coisas sejam o que são.

Heidegger

Para entender bem o sentido e a intenção deste capítulo, é preciso ter em conta as considerações seguintes.

Há muita ambiguidade no verbo amar. Na maioria das vezes em que parece que amamos, na realidade não amamos. O coração humano é egoísta por natureza, como vimos no capítulo anterior. O caminho para o amor está eriçado de dificuldades. Como nos preveniu São João, tanto o conceito de amor como o de fraternidade prestam-se facilmente para fazer romanticismos. Neste livro, queremos ser realistas; por isso, queremos começar sanando as raízes.

Neste capítulo, explicamos o contraste entre a realidade da pessoa e sua imagem. Mostramos, depois, como as agressividades, antipatias e outros conflitos provêm da fiação da *imagem*, e fazemos um amplo estudo – não denunciando, mas analisando – de todas as possíveis distorções fraternas. Depois, passamos a mostrar que a imagem é ilusão, e que uma excelente terapia libertadora é tomar consciência desse fato. A fraternidade pressupõe conversão e humildade.

Explicamos depois quantas energias são queimadas quando nos preocupamos inutilmente com realidades e acontecimentos que não podemos mudar. Também demonstramos toda a paz que provém da aceitação das realidades que não se podem alterar. No final, apresentamos exercícios fáceis para superar o nervosismo e alcançar a serenidade.

Assim, o irmão fica em disposição para amar.

1. A ILUSÃO DE UMA IMAGEM

No observatório da vida, tive o privilégio de contemplar uma grande variedade de personalidades. Essa massa experimental de observações deixou em mim um conjunto de convicções e de evidências, de uma parte, de intuições e de pressentimentos, de outra. Vou ver se apresento tudo isso em ordem, nas páginas seguintes.

* * *

A maior parte das tristezas íntimas do ser humano e de suas dificuldades, nas relações interpessoais, nascem da *imagem* que nós projetamos (de nós mesmos), cultivamos, alimentamos, servimos e adoramos. Essa é a principal fonte das frustrações interiores e das colisões fraternas.

Parece demência ou alienação. Mas é assim mesmo que se vive: vive-se entre o desejo e o temor. A metade da vida, o ser humano luta na ofensiva para dar à luz, alimentar e "engordar" (inflar) a imagem de si mesmo (prestígio pessoal, popularidade); e, na outra metade, luta na defensiva, presa de temor, para não perder o prestígio.

Imagem social

O indivíduo é uma realidade conjunta e um conjunto de realidades.

O indivíduo tem uma figura física: morfologia, medidas anatômicas, altura, cor... Tem um coeficiente intelectual, que pode ser ponderado e medido com um teste. Além disso, tem uma estrutura temperamental, caracterologia, base instintiva, campos de energia, reações primárias ou secundárias... Todo esse conjunto é presidido e compenetrado por uma *consciência* que integra todas essas partes.

Não direi que esse conjunto *pertence* a fulano porque, nesse caso, nós o faríamos proprietário de si mesmo (que desgraça!), mas afirmo que esse conjunto integrado é fulano, tal indivíduo. Damos um nome a esse conjunto, por exemplo, José da Silva. O nome é uma etiqueta para a diferenciação social, mas não altera em nada a realidade do sujeito.

Ora, a sociedade investe e reveste esse nome de uma auréola, digamos assim. Essa auréola é o que chamam de prestígio pessoal que, no fundo, não é outra coisa senão a opinião pública favorável sobre essa pessoa. "Tem um bom nome", dizemos.

A opinião, por sua vez, é a visão que a sociedade tem sobre o fulano. Porque a sociedade que rodeia o indivíduo tem uma *imagem* (opinião, visão) sobre a pessoa. Expressando-nos do ponto inverso, diríamos que tal pessoa projeta tal imagem sobre a opinião pública. Ao que é projetado chamamos de *personagem* da pessoa.

* * *

A imensa maioria das pessoas não se interessa *pelo que se é*, mas pelo *como me veem*. Interessam-se mais pela imagem do que pela realidade; mais pela mentira do que pela objetividade. Dessa maneira, o homem da sociedade me faz participar dessa corrida de aparências, no jogo típico de quem engana quem, de como causar melhor impressão.

Poder-se-iam escrever livros inteiros demonstrando como o mundo é um estádio imenso em que o *orgulho da vida* joga a grande partida das etiquetas, formas sociais e exibições econômicas para competir pela imagem social. Combate em que as pessoas não se interessam pelo ser nem mesmo pelo ter, mas só pelo parecer.

Todos sabem que estão representando e participando de uma comédia. Mas que é que se vai fazer? Já estão todos em cena e não podem sair, porque perderiam sua imagem. Para eles isso equivaleria à morte.

Para grande parte dos mortais não existe prazer maior do que ter uma imagem esplêndida, proclamada e adorada pelas multidões. No fundo, é o desejo idolátrico do homem, superior a todos os outros desejos e satisfações.

* * *

Mas não estou falando aqui aos mortais do "mundo", e sim a pessoas que se reuniram no nome de Jesus, e vivem em uma comunidade. Não é raro que o "mundo" se transfira para essas comunidades, e a questão do nome ou do prestígio pessoal é frequentemente a raiz de numerosos conflitos e fontes de fricções, às vezes manifestas, às vezes sutilíssimas.

Imagem interior

Dissemos que o indivíduo é um conjunto de realidades, presidido por uma consciência.

Se essa consciência possui a noção exata de seu conjunto, temos a sabedoria, que significa: visão e apreciação proporcional da realidade. Temos também a humildade. Há três palavras que são sinônimas: objetividade, humildade, sabedoria.

Mas em contraste com essa sabedoria pode haver, em diferentes graus, um processo de alienação ou loucura, que consiste no fato de a consciência começar a se afastar da apreciação objetiva de seu conjunto, em um movimento duplo: primeiro, não gosta da realidade nem a aceita, mas resiste e a rechaça.

Ao mesmo tempo, gostaria de ser de outra forma. Esse *gostaria* transforma-se, aos poucos, em *eu desejo*. E do desejar ser assim passa insensivelmente ao imaginar que é assim. Isto é, o desejo desfocaliza a visão, que acaba por turvar a imagem de si mesmo. A pessoa acaba rejeitando a própria realidade e adotando uma imagem aureolada e ilusória de sua realidade.

Depois, começa a confundir e a identificar *o que sou* com *o que quisera ser* (imagino que sou). Pouco a pouco a simbiose vai avançando para a profundidade total, até que se perde a noção da realidade e só vai ficando o que imagino ser, que levanta voo até se inflar por completo, enquanto vão aumentando as distâncias entre a mentira da realidade e a própria realidade.

Assim, vamos nos alienando da realidade, já estamos entrando, quase insensivelmente, na esfera da loucura.

Vamos a uma montanha e nos coloquemos em um plano bastante inclinado. O sol bate de um lado e nosso corpo projeta, do outro, uma sombra de 40 metros. Supondo que eu meça um 1,80, qual é a verdade e qual é a mentira: minha altura real ou o comprimento da sombra? Onde está a ficção e onde está a realidade?

* * *

Defrontamo-nos com outra novidade: agora entra em jogo o elemento emocional. O processo explicado até agora tinha sido uma atividade intelectual: era uma visão, desfocalizada e alucinante, como se queira, mas uma visão.

Mas o ser humano, aqui e agora, pode começar a *aderir* (emocionalmente) à imagem idealizada e ilusória de si mesmo. Essa adesão pode ter, em alguns casos, um caráter *mórbido*, quando sua intensidade adesiva é desproporcionada. Nesse caso, o orgulho, a vaidade e o narcisismo podem alcançar dimensões de demência.

E mais. Quando a adesão (à própria imagem aureolada) assume um caráter *simbiótico*, sobrevém um desequilíbrio terrível em toda a personalidade, e surgem depressões descontroladas, megalomanias, estranhos complexos e loucuras narcisistas, como de quem vive em um castelo de cristal, suspenso no ar.

Tudo isso acontece com a maioria dos mortais, embora em graus diversos, e em um périplo variadíssimo de intensidade e matizes. Até mais: a adesão à própria imagem, em alguns graus, é um elemento positivo para a produtividade da vida, e até poderia ajudar o crescimento fraterno. Mas isso não desvirtua a ideia central que estamos desenvolvendo aqui, isto é, que a preocupação com a própria imagem rouba a alegria de viver, e causa grande parte das dificuldades fraternas.

Confronto das duas imagens

Eis que se enfrentam e se confrontam as duas imagens: a social e a interior.

Este é o ponto de fricção, e aqui começam, propriamente, os problemas e desencontros da fraternidade. Um irmão sofre e está deprimido porque não o apreciam como ele acha que merece. Outro vive preocupado porque sente que sua imagem social está perdendo o esplendor, em comparação com o brilho da imagem de si mesmo, diante de si mesmo.

Anteontem, uma pessoa teve uma profunda depressão porque a criticaram. Como se explica crise tão aguda? Na realidade, houve desproporção entre a pequena crítica e a tremenda depressão. A desproporção foi precisa e exatamente a que existe entre a imagem social e a imagem inflada que o sujeito tem a seu próprio respeito.

Um outro irmão não sabe o que fazer, e como fazer, para combinar e fazer coincidir a imagem social com a imagem que tem de si mesmo.

Em qualquer comunidade humana, formam-se, de uma hora para outra, dois grupos rivais. Cada um é chefiado pelo respectivo líder. Numa análise em profundidade, observaremos que se trata de uma guerra de "imagens", embora não pareça. Na convivência diária, pode até parecer que as bandeiras da "guerra" tenham um fulgor sacrossanto: uns dizem que se trata de preservar os valores religiosos; outros dizem que se trata de lutar pela promoção social. Entretanto, por trás dessas bandeiras, combatem as imagens com seus respectivos interesses. É claro que isso nem sempre acontece assim, porque, às vezes, está tudo misturado. Mas é o que acontece em geral.

Não é raro que outras pessoas, de personalidade mais apagada, liguem sua própria imagem à imagem do líder, identificando-se simbioticamente, e lutam juntos, carregando a mesma bandeira e uma imagem comum. Os "pequenos" sentem-se engrandecidos.

O amor confunde-se com o *apreço* (expressão – e atitude – emocional). O apreço é consequência de uma opinião favorável (imagem) porque, geralmente, a opinião e o apreço se acompanham. O apreço é adesão. O desprezo é rejeição. E, normalmente, existe apreço onde existe uma opinião favorável.

"Ama-me" quer dizer "me aprecia". "Aprecia-me" quer dizer "tem boa opinião (imagem) a meu respeito". Em última instância, no amor, trava-se quase sempre a batalha da imagem.

Tal pessoa mantém-se fechada, entreaberta ou aberta diante do próximo, conforme o apreço que perceber em primeiro lugar por parte do outro. "Não gosta de mim" quer dizer "não me aprecia". "Não me aprecia" quer dizer que "faz pouco de mim".

A falta de confiança, em qualquer comunidade, é devida à falta de abertura; a falta de abertura é devida à falta de apreço; este, por sua vez, deve-se às imagens deformadas que os membros do grupo têm uns dos outros.

Agressividade, complexos, antipatias

Há, na sociedade humana, uma quantidade enorme de violência compensatória. As pessoas não realizadas são frustradas. Os frustrados são negativos e os negativos "precisam" destruir, porque só se sentem realizados destruindo nos outros o que não foram capazes de construir.

Esses frustrados agressivos não percebem, sem dúvida, a diferença entre a pessoa e a imagem. Seria raríssimo o caso – só um psicopata – que quisesse arruinar a pessoa do outro. Por isso, dão as machadadas na estátua, isto é, na imagem da pessoa. E sentem que se construíram derrubando ou destruindo as "estátuas" dos outros.

Não há ser mais perigoso que um frustrado. É capaz de desencadear qualquer quantidade de energia reativa, por via de compensação, porque a frustração leva necessariamente à agressão. Os que não fazem nada "precisam" criticar os que fazem alguma coisa.

Sentem-se felizes quando escutam: "Tudo vai mal". No dia em que, de fato, tudo fosse mal, no dia em que os outros fracassassem, com a consequente ruína de suas estátuas, essas pessoas negativas se sentiriam contentes e aliviadas. De alguma maneira, sentir-se-iam realizadas porque, agora, sua estátua fracassada ficou à mesma altura das estátuas – também fracassadas – dos outros membros. Como se vê, estamos sempre dentro do jogo das imagens.

* * *

É impressionante observar, por exemplo, o que acontece com os que abandonam o sacerdócio ou a vida religiosa.

Meses antes – talvez anos – quando estão preparando sua "saída", muitos deles criticam obsessivamente a instituição religiosa, a formação, a autoridade, a própria Igreja... Têm necessidade de destruir, de confundir, de se justificar. Numa palavra, têm necessidade de que os outros fracassem para diminuir seu próprio fracasso. Nessa atitude destrutiva, existe uma rede complexíssima de motivações misteriosas que seria longo analisar, e que transcende a análise psicológica e nos coloca no mistério da graça.

> O indivíduo, profundamente desenganado e desiludido, pode também começar a odiar a vida.
> Se não há nada ou ninguém em quem crer, se a bondade e a justiça não forem mais do que uma ilusão disparatada; se a vida for governada pelo diabo e não por Deus, então, realmente, a vida torna-se odiosa.
> O que se deseja demonstrar é que a vida é má, que os homens são maus, que a própria pessoa é má. Aquele que crê e ama a vida, quando se desenganar, converter-se-á num cínico e num destruidor.
> Essa destrutividade é a destrutividade do desespero. O desengano da vida levou-o ao ódio pela vida.[4]

---

[4] FROMM, Erich. *El corazón del hombre*. México: Fondo de Cultura Económica, 1966. p. 27. [Ed. bras.: *O coração do homem*. 5. ed. Rio de Janeiro: Jorge Zahar, 1977.]

* * *

Os *complexados* (que não devem ser confundidos com os tímidos) são especialmente perigosos, no sentido da agressividade. Carregam lá embaixo, em seus porões, um poço de ressentimento que surge e aflora à superfície cada vez que aparece uma oportunidade para complicar.

Como se sentem fracassados em seu íntimo, às vezes se mostram humildes, e frequentemente dão impressão de bondade. Mas, de repente, ninguém sabe por quais mecanismos compensatórios começam a aborrecer, até criar um clima difícil.

Outras vezes, tudo está calmo e, no momento em que menos esperamos, tiram do subsolo uma singular carga negativa para complicar uma situação comunitária e molestar a uma ou mais pessoas, com intrigas e mecanismos complicados. Quando o conseguem, ficam tranquilos e satisfeitos. Era uma "necessidade" para eles.

Há tempos em que se fazem de vítimas, ficam complicados e permanecem assim, como doentes que precisam de atenção, até receberem completa satisfação compensatória.

Onde ninguém desconfia, veem segundas intenções. Frequentemente são dominados pela mania de perseguição e não conseguem libertar-se dessa obsessão. No dia em que menos esperam, amanhecem mergulhados na tristeza e não o podem evitar. O sintoma específico dessa classe de pessoas é a inveja.

* * *

A *inveja*, em suas variadas manifestações, é uma reação agressiva quando se sente que a própria imagem é pálida diante do resplendor da imagem do outro.

A luz da imagem alheia deixa a descoberto a opacidade da própria imagem. Sente-se a necessidade de eclipsar a imagem do outro. Quanto mais obscura se vir a imagem alheia, mais brilhante se verá a própria. Quanto mais centímetros tirar da altura do outro, mais alto sentir-se-á, embora, objetivamente, não tenha crescido nada.

* * *

A *depressão* nasce na mesma terra, impelida pelos mesmos mecanismos. A depressão é tão parecida com a tristeza que, às vezes, é difícil perceber as diferenças, e as duas estão, em geral, marcadas pelo problema da imagem.

O indivíduo está deprimido porque não se sente aceito: e isso significa, em outras palavras, que a pessoa percebe e sente a desproporção entre a imagem que tem de si mesmo e a pobre imagem e pouco apreço que os outros têm a seu respeito.

Manifesta isso, que sente em sua intimidade, com expressões como estas: "Não me apreciam"; É injusto: destituíram-me do cargo"; "Poderia ser muito mais produtivo, mas não me dão oportunidade"; "São invejosos porque são 'pequenos'"; "Algum dia vão me reconhecer e virão pedir, de joelhos, minha colaboração".

A depressão, entretanto, pode ter outras raízes: quando se trata de uma depressão de caráter maníaco, e acomete violentamente a pessoa com certa periodicidade. Nesse caso, a depressão vem de uma misteriosa combinação entre os códigos genéticos e a composição bioquímica da pessoa. Os irmãos que sofrem desse tipo de depressão são criaturas dignas de profunda compreensão e respeito.

* * *

Antipatias instintivas? Não são instintivas. São a evocação de uma história esquecida. Vamos supor que eu vivi uma situação conflituosa com determinada pessoa, faz muitíssimos anos. Essa lembrança está morta e enterrada.

Se, agora, sem eu saber como, e sem ter havido nenhum problema, sinto uma viva repulsa por determinado indivíduo, é porque aquela pessoa do passado "ressuscitou" nesta outra, por meio de não sei que associações combinadas. Em outras palavras: o fenômeno deve ser interpretado no sentido de que este indivíduo me lembra e evoca, entre brumas invisíveis e inconscientes, aquele outro que, outrora, ameaçou o fulgor do meu prestígio.

Chamam a isso de *transferência*, porque se transfere (normalmente sem perceber) a recordação-imagem de uma pessoa, ausente no espaço ou no tempo, para outra pessoa presente. Como se vê, entre as antipatias, chamadas instintivas, ressuscitam histórias enterradas no inconsciente.

E bom lembrar que o fenômeno da transferência é extraordinariamente comum nas aversões, bloqueios emocionais... Não nos devemos assustar, de nós mesmos nem dos outros, quando nos sentirmos dominados por emoções em que renascem e se projetam, sem nos darmos conta, "feridas" antigas.

As outras antipatias, as conscientes, com suas sequelas, como a agressividade verbal, críticas negativas e bloqueios emocionais... não passam de lutas sutis pela prevalência da própria imagem e do próprio interesse.

Quando se fala com essas pessoas na intimidade, afloram logo as motivações dessas antipatias: ele não me apoiou em tal ocasião. Em tal oportunidade, ele deu uma informação negativa a meu respeito. Ele é amigo daquele outro que me despreza abertamente...

* * *

Se em todos os conflitos interpessoais está subjacente a preocupação com a própria efígie, a racionalização indica uma mania enfermiça pelo prestígio pessoal.

Efetivamente, há pessoas que vivem tão obcecadas por criar e conservar uma boa figura diante da comunidade, que sua única preocupação é sempre *estar bem*. Vivem com medo de perder o fulgor de sua figura social. Mas acontece com frequência (é tão humano!) que têm atuações questionáveis e são de fato julgadas e criticadas.

Então, há "explicação" para tudo. Naturalmente, suas explicações são racionalização. Para se desculparem, começam a mover-se sobre a corda bamba que está pendurada entre a verdade e a mentira e... que acrobacias verbais e mentais precisam fazer para equilibrar-se, para que sua estátua não trinque!

Não são o que são, mas o que aparentam ser. Sua imagem está tão identificada com sua pessoa que, se sua imagem for ameaçada, sentem uma verdadeira angústia de agonia, porque, perdida a imagem, teriam a sensação de ter morrido. A racionalização os livra desse perigo.

Frequentemente, antes que alguém lhes diga qualquer coisa, já estão dando explicações de sua maneira de agir, para preservar sua efígie de uma eventual ameaça. Têm pavor da crítica. Interpretam como ataques à sua pessoa os reparos que se fazem a suas ideias. Se são feridos em sua figura, sentem-se ameaçados em toda a sua existência.

* * *

Existe uma racionalização especial, típica do mundo clerical destes tempos – principalmente em alguns lugares – pela qual tudo se justifica com "teologias" e "psicologias", de tal sorte que nada mais é pecado, tudo é permitido, tudo depende da própria interpretação, não existem normas objetivas, a lei precisa adaptar-se aos novos tempos...

É impressionante e doloroso ver como muitos irmãos chegaram a ser especialistas nessa racionalização *sui generis*. Agarram algumas ideias da pseudoteologia – as ideias que lhes *interessam* – tomam mais alguns princípios da psicologia (principalmente da freudiana), fazem de tudo isso uma brilhante e falaz combinação... e assim acabam esvaziando por completo o conteúdo da obediência, da castidade...

Com essas racionalizações, quer-se dar cobertura ao egoísmo com todos os seus "filhos", e amparar, ao mesmo tempo, a imagem social. É cheia de nobreza e de grandeza a atitude do publicano – e de todos os publicanos: sou pecador, preciso mudar, ajude-me. É repugnante a atitude do fariseu – e de todos os fariseus: sou bom, não preciso mudar, tudo que faço está bem por isso e por aquilo... E surgem todas as racionalizações.

No fundo desse fenômeno, persiste a preocupaçãoególatra da própria figura e de salvar as aparências.

* * *

O pior que acontece com os adoradores das próprias estátuas é a perda da objetividade, na hora de avaliar os acontecimentos e as pessoas.

Por exemplo, se há irmãos da fraternidade que não os aceitam, acham tudo negativo nesses indivíduos: os alunos de fulano são os mais insolentes e indolentes do colégio. A juventude dirigida por fulano está cheia de frivolidades. A campanha que ele realizou foi um fracasso... Na realidade, foi um grande êxito, menos na cabeça desse aí e de algum outro de sua turma.

Pelo contrário, tudo que ele ou seus amigos fazem é bom: nosso grupo tem gente de valor. Meu amigo tem excelentes qualidades. Nossa classe é a melhor do colégio. Nossa campanha foi um êxito, quando na realidade foi medíocre... etc.

> O juízo do valor narcisista é preconceituoso e tendencioso. Habitualmente, esse preconceito é racionalizado de uma forma ou de outra, e essa racionalização pode ser mais ou menos falaz, de acordo com a inteligência e a sofisticação da pessoa em questão.
> Tal indivíduo tende a valorizar elevadamente sua produção, em quase todos os casos. Se percebesse o caráter deformado de seus juízos narcisistas, o resultado não seria tão mau. Mas, habitualmente, o indivíduo está convencido de que não há deformação, e de que seu juízo é objetivo e realista.
> Isso leva a uma grave deformação de sua capacidade de pensar e de julgar, já que essa capacidade se embota uma e outra vez, quando ele trata de si mesmo e do que é seu.

O indivíduo narcisista acaba em uma deformação enorme. Ele e suas coisas são supervalorizados, com evidente dano da razão e da objetividade.

2. LIBERTAÇÃO

Como nos libertarmos dessas ilusões que nos arrastam a tanta preocupação íntima e a tanta desventura fraterna? Não podemos viver nessa tensão, balançando-nos sempre entre o nome social e os sonhos impossíveis. Não são possíveis a paz interior nem o amor fraterno, nessas circunstâncias. Grande parte de nossas energias é gasta com essas preocupações que estão ao serviço de sonhos irreais.

É triste comprovar como se sofre, como se luta, como se forjam tantas espadas e se rompem tantas lanças pela aparência efêmera de um *nome* que, afinal, não é a *verdade* da pessoa.

Porque o importante, para a maioria dos mortais, não é realizar-se, mas que *os outros os vejam realizados*. O que chamam de *realização* não é a produtividade efetiva e objetiva, mas o fato de que a opinião pública os considere triunfantes e campeões. Cavalgamos o potro da mentira e vamos galopando por mundos irreais, temerosos e ansiosos. Da mentira da vida, livrai-nos, Senhor!

Preparem os caminhos da fraternidade. Derrubem as torres altas que não foram construídas com pedras, mas com quimeras. Despertem do sonho. Renunciem à adoração de estátuas ocas. Livre-nos Deus de tanta angústia, e permita-nos entrar no reino da paz.

Que venha o reino da sabedoria e da objetividade. Venha o coração puro, desprendido das aparências e livre das loucuras, pobre e sábio ao mesmo tempo, porque o pobre sempre é sábio.

Despertar

Que fique claro: o segredo da sabedoria está nisto: perceber que o nome é um vazio, como uma sombra. A imagem interior de si mesmo é, também, um vazio, como a ilusão. Nada disso é real. Nada disso é objetivo.

Despertar significa tomar consciência de que nos preocupamos com algo irreal, de que vivemos a serviço de uma ficção, de que estamos fazendo na vida uma representação teatral, como os que fabricam figurinhas e fazem gestos, gastando as melhores energias nessa pantomima.

Despertar inclui convencer-me de que o importante é *ser*, pôr em movimento todas as potencialidades até a maior plenitude, dentro de nossas limitações. Não vale a pena sofrer e preocupar-se por aparências que são filhas da fantasia. Despertar significa libertar-se da tirania das ilusões.

Ora, perceber tudo isso já é *libertar-se*. Só com isso já desaparecem as preocupações inúteis, e chega a paz. Em minha observação da vida, convenci-me de que os irmãos, para viverem em harmonia fraterna, precisam antes de tudo da paz interior.

Muitas vezes e em muitos irmãos, percebi falta de paz nos rostos tensos. E isso era principalmente fruto das preocupações íntimas com a própria imagem, para falar claro. Com essas cargas, é impossível desenvolver relações harmoniosas com os outros.

Conforme os irmãos forem percebendo que estão perdendo a paz por aparências inexistentes, por causas que não valem a pena, vão sentir alívio e paz. Então sim, poderá haver alegre harmonia com os outros irmãos da comunidade.

* * *

O ser humano – e suas energias – não foi criado para viver separado do próximo. Não são energias de separação, mas de união. Só acidentalmente, por exceção, e quase contra a natureza, as energias humanas são usadas contra o próximo, porque, por sua tensão interna, estavam destinadas à união.

Amar (realizar-se) significa, primeiramente, tomar consciência de que eu estava sonhando, acabar com a adoração de minha própria estátua, romper todas as ataduras que me prendiam ao meu eu, sentir-me livre, ser o que sou, transformar a agressão em amor, e utilizar tamanha energia para estimular, animar e acolher os irmãos. Então nos sentiríamos plenos.

Se o leitor fizesse uma experiência de despertar, tomaria consciência de que a imagem, com que tanto se preocupava, não passava de uma ilusão vazia, e teria a sensação de um enorme alívio. Automaticamente, evaporar-se-iam as antipatias, os ressentimentos, e tudo seria paz, união, amor. É uma experiência libertadora. Isso é sabedoria.

* * *

O que é o *nome*? Uma etiqueta grudada numa imagem: uma embalagem. E o que é a imagem? Outra etiqueta, grudada na pessoa: embalagem também. O que significa, o que é, por exemplo, o nome de João Pereira? Voz, suporte de ar que sustenta uma figura, figura que sustenta uma opinião. O importante é a pessoa. O que vale não é a imagem nem o nome, mas que eu seja verdade, produção, amor.

Tudo isso é humildade.

Esse despertar é uma verdadeira purificação transformadora; é a conversão que nos introduz no reino da sabedoria. A sabedoria nos leva ao reino do amor. Então, sim, podemos falar de amor fraterno.

* * *

É essa a *disposição* que Paulo pedia aos cristãos de Filipos: a disposição de Jesus. Apesar de sua condição divina, Jesus não fez alarde de sua categoria de Deus. Pelo contrário, despojou-se de sua altura, tomou a condição de escravo, passando como um entre tantos. Agindo como um homem qualquer, rebaixou-se até submeter-se mesmo à morte, e morte de cruz.

Era onipotente e não sonhou com onipotências. Renunciando a todas as vantagens de ser Deus, submeteu-se a todas as desvantagens de ser homem. É na cena da Paixão que resplandecem o poder e a sabedoria. Basta olhar para a intimidade de Jesus e logo perceberemos que ele não tinha imagem inflada de si mesmo, que nele não havia adesão ao próprio eu, e por isso comportou-se, nessas cenas, com tanta liberdade, tanta serenidade e tanta grandeza. Não se importava com nada, nem com os insultos nem com as injustiças. Estava desligado de tudo. Era por isso que se sentia livre. Porque era livre, foi libertador. Só os livres podem libertar.

Ao despojamento máximo corresponde a liberdade máxima, e à liberdade máxima, a máxima grandeza. No Getsêmani, o Pai assumiu a vontade de Jesus. Por essa entrega total nas mãos do Pai, Jesus ficou sem nada: não tinha discípulos, amigos, frutos dos trabalhos, fama, sangue, vida... Ficou sem nada. Não tendo nada, não tinha o que perder. Era o homem mais livre do mundo, porque era o homem mais pobre do mundo, por isso nunca se comportou com tanta grandeza e liberdade como nas cenas da Paixão, porque o que pode perturbar a quem não tem nada e não quer nada?

Se São João diz que, no final, chegaram ao máximo todas as medidas do amor em Jesus, foi porque a humildade máxima corresponde ao amor máximo, o que acontece também na fraternidade.

Jesus atravessou a cena da Paixão revestido de silêncio, dignidade e paz, porque se havia esvaziado completamente. Tinha varrido de dentro de si mesmo até o pó de sua própria estátua. Era a pureza total. Por ser tão humilde, comportou-se como um grande. No final, amou-nos sem medida porque tinha chegado ao ápice do esvaziamento e da humildade.

Para poder amar é preciso ser pobre e conseguir esvaziar-se o mais que for possível. É essa a maneira concreta e eficiente de preparar-se para uma bela fraternidade.

Interesses e propriedades

O pobre e humilde Francisco de Assis foi um sábio, porque todo ser despojado tem um olhar límpido para apreciar a proporcionalidade do mundo. Foi um sábio que não procurou fundar uma Ordem, mas uma fraternidade itinerante de irmãos penitentes e testemunhas da Ressurreição. O que mais lhe interessava era que fossem *irmãos*. Mas, como era sábio, percebeu que era impossível que os membros de uma comunidade fossem irmãos se, antes, não fossem *menores*.

Na hora de iniciar a nova *forma de vida*, colocou o Sermão da Montanha como a única condição e possibilidade para que os irmãos pudessem estabelecer relações interpessoais de reverência, abertura e acolhimento. É preciso começar derrubando estátuas, retirando propriedades, desligando-se dos próprios interesses, esvaziando-se, varrendo até os escombros, deixando tudo limpo e expedito para que o irmão possa entrar em nosso recinto interior.

Só os puros podem amar. Os puros são os que não têm interesses, não têm o que defender, não têm porque desconfiar, nem motivos para manter as portas fechadas, uma vez que não têm nenhuma propriedade escondida. Só eles podem abrir-se para seus irmãos sem receios nem cálculos.

* * *

Francisco de Assis percebeu que toda propriedade é, potencialmente, violência. Acontece sempre a mesma coisa: a propriedade sente-se facilmente ameaçada. Quando se sente ameaçada, a propriedade sacode e importuna o proprietário, pedindo que a defenda do perigo. É isso que significa o adágio romano *res clamat ad dominum*, as propriedades reclamam seu dono. Então, o proprietário tem que pegar em armas para defender as propriedades. Acende-se a guerra.

Quando o Bispo Guido perguntou a Francisco: "Irmão Francisco, vocês agora são poucos, mas logo vão ser muitos e vão precisar de bens para a manutenção diária. Por que não permite algumas propriedades para os irmãos?". Francisco respondeu: "Porque, se tivermos propriedades, vamos precisar de armas para defendê-las". Parece uma resposta ingênua, mas está cheia de sabedoria e de profundidade.

O pequenino e manso homem de Assis percebeu, observando a vida, que se os irmãos estiverem cheios de interesses e propriedades, enfatuados por sua própria imagem, cheios de aderências a mil coisas, fatos e pessoas, acontecerá que, na convivência diária, os interesses de uns vão se levantar contra os dos outros, e a fraternidade vai voar pelos ares, feita em pedaços. É isso: onde havia propriedades, fez-se presente a violência.

Basta observar um pouco a vida das comunidades e analisar suas reações e motivações. Logo perceberemos que, quando os irmãos se sentem ameaçados em seu prestígio, em alguma apropriação secreta, combatem defensivamente pela segurança de suas posições e, da defensiva, passam à ofensiva.

No seio dessa comunidade vão se apresentar como fagulhas as armas adequadas para garantir propriedades: rivalidades, inimizades, vinganças, bloqueios emocionais, críticas destrutivas, acusações, grupos rivais... Numa palavra, onde há propriedade, apresenta-se a *violência*, que acabará semeando divisão e morte.

A fraternidade é impossível sem humildade e pobreza de coração.

* * *

Por isso Francisco de Assis em vez de dizer a seus irmãos: "Amem-se uns aos outros", põe diante de seus olhos o programa da humildade e pede aos irmãos, "em nome de Nosso Senhor Jesus Cristo", que se esforcem por adquirir "benignidade, paciência, moderação, mansidão e humildade" em sua peregrinação pelo mundo.

É evidente que, se os membros de uma comunidade esforçarem-se por converter-se, adquirir mansidão, humildade, paciência, moderação... não vai ser preciso dar a esses irmãos grandes explicações teológicas nem prementes conselhos de unidade. Sua casa será o lar mais agradável do mundo, admiração para os que observam e interrogação para os que não creem em Jesus Cristo.

O homem de Assis vê claramente que os inimigos da fraternidade estão dentro de cada pessoa, e pede ao irmão que lute decididamente para resistir e vencer a "soberba, vanglória, inveja, avareza, cuidado e solicitude deste mundo". São essas as muralhas que separam irredutivelmente o irmão do irmão. É inútil falar de amor fraterno se não tivermos limpado o coração de todas as ervas, cobras e espinhos. Que adianta podar lindamente os ramos, se as raízes continuarem cheias de insetos vorazes?

É impossível ser irmão se antes não se for *menor*. Daí o nome que deu, com genial intuição, aos seus seguidores: *irmãos menores*.

Resumindo tudo, Francisco acaba pedindo estas quatro atitudes: "humildade, paciência, simplicidade pura e verdadeira paz de espírito". Preciosas palavras! Se os irmãos apenas tomassem como princípio de vida essas quatro palavras, tratando de vivê-las, já estaríamos *ipso facto* criando a harmonia fraterna. Esses irmãos vão saber respeitar-se, reverenciar-se, acolher-se, animar-se. Que estupendo, quando os irmãos vivem unidos sob um só teto!

Desligar-se

Para amar, é preciso ser livre. Nossas desgraças vêm todas de vivermos sempre arrastando um cordão umbilical, que sempre se enrosca e escraviza. Tudo que amarra, submete. Quem está submetido não é sujeito, é objeto. Uma coisa é ter, e outra reter. Uma coisa é usar, e outra apropriar-se. Vou me explicar.

Nós temos, vamos supor, qualidades e valores. Temos inteligência, simpatia, cargos, estudos... Na mentalidade ascética clássica sempre se olhou com receio para as qualidades humanas. Se você tem muitas qualidades, tome cuidado porque pode perder sua vocação, dizia-se. Se as qualidades vieram de Deus, são "filhas" de Deus. Como podem ser inimigas de Deus?

Onde está, então, o perigo real? O perigo começa e se completa quando se estende um cordão umbilical (aderência, ligação) entre determinada qualidade e o meu eu. Em outras palavras, quando utilizo tal qualidade (inteligência...) para meu proveito exclusivamente pessoal; quando me identifico com minhas próprias qualidades e valores, e as exploro e utilizo tanto quanto me dão autossatisfação, vaidade, emoção.

* * *

Quando há narcisismo puro, tudo se refere ao eu: aquela intervenção que fiz; aquela pessoa que me louvou; esta excelente comunidade de que sou superior; esta colaboração que me pediram; a fama que me acompanha; pessoas tão importantes que me consultam etc.

A cabeça fica girando o dia inteiro e recordando as coisas emocionantes e satisfatórias para a vaidade, enquanto vai "engordando" a imagem do eu, entre delírios de grandezas maiores, e entre maiores temores de perder o brilho da própria imagem.

O nome disso tudo é *apropriação*, "fazer meu". Consiste em estender uma carga emocional de anexação entre o meu eu e esses acontecimentos ou pessoas, enquanto a pessoa vai se transformando em proprietária de si mesma dentro de uma simbiose escravizadora. Por que quem é que submete? Quem é submetido? Quem é o sujeito? Quem pertence a quem? A qualidade à pessoa, ou a pessoa à qualidade? Está tudo encadeado. Ninguém é o sujeito. Todos (e tudo) estão sujeitados.

É claro que uma pessoa assim está incapacitada para amar. Vai amar sempre e só a si mesma. Não pode amar ninguém. Amará, nos outros, o aspecto que fizer referência direta ou indireta a ela mesma. Valoriza o que a faz sobressair. Numa palavra, amará no outro aquilo de que se apropriou de alguma forma.

Para poder amar, essa pessoa precisa *libertar-se* de toda essa apropriação. Para isso só há um caminho: desligar-se.

* * *

Toda liberdade é obtida pelo corte de uma ligação. Se estou acorrentado a uma parede, desligar consiste em romper a corrente, para que eu fique livre.

Se estou deitado e não posso dormir pelo barulho da rua, isso quer dizer que estendi um laço entre minha atenção e o ruído. Basta desligar a atenção, que fico livre e durmo. Antes, o ruído era "dono" porque me dominava e eu não era livre. Na hora em que eu me desligar do ruído, passarei a ser "dono" (do ruído) porque o dominarei: serei livre e poderei dormir.

Se meu ouvido funciona normalmente, continuará (ele, não eu) a escutar durante toda a noite o tique-taque do despertador. Mas o tique-taque não me molesta e eu durmo em paz, porque minha atenção está desligada desse som. Isto é, o cérebro está desligado do ouvido. O tímpano escuta, mas eu não. Desligar-se é libertar-se.

Não posso estudar porque essa gritaria da casa vizinha me atrapalha. Isso significa que me amarrei a esse som. Se cortar a ligação (deixando de prestar atenção às vozes) será como se a gritaria não existisse, e poderei estudar. As coisas começam a "existir" a partir do momento em que ligo minha atenção a elas.

* * *

Adiantando-se para uma intimidade maior, o que disseram contra mim, se eu ficar ligado à crítica, me fará sofrer e me irritará. Mas se eu fosse capaz de cortar a ligação, seria como se aquilo *nunca tivesse existido*, e eu estaria completamente tranquilo. O bem e o mal não estão fora de nós, estão dentro. Carregamos dentro de nós a chave da liberdade e do amor: a capacidade de desligar.

A antipatia é um amarrilho (aderência) entre o meu eu e aquela pessoa. Existe, dentro de mim, essa sensação amarga de ressentimento, porque eu lhe *dou vida*, recordando a pessoa e o que ela fez. Recordar é prestar atenção. *Perdoar é desligar-se.* Por isso mesmo, perdoar é libertar-se. Se eu for capaz de perdoar (desligar-me), terei um alívio imenso.

O fracasso (e todas as lembranças más) é uma aderência emocional que estendemos entre nossa atenção e determinado resultado negativo. Enquanto subsistir esse vínculo atencional, o fracasso vai doer e oprimir. Se conseguirmos cortá-lo, o fracasso desaparecerá, como se não tivesse existido. Somos nós que *damos vida* a nossas desgraças. Recordar é amarrar-se. Esquecer é libertar-se.

Temer, em geral, é ligar a atenção a uma pessoa, a um compromisso futuro, a uma doença ou a um fracasso.

Quando esse vínculo é muito forte, além de temor, passa a ser angústia. Se formos capazes de nos desvincular, todos os temores desaparecerão. Somos nós que *damos vida* a nossos inimigos, sejam pessoas, sejam fatos.

O temor da morte é o laço atencional e emocional mais vigoroso. Duas realidades substanciais ficam ligadas: a vida e a pessoa. Tal liame se solta com um ato profundo de abandono nas mãos do Pai, como Jesus, e chega a ser uma imensa paz. Paz e liberdade são, vivencialmente, a mesma coisa, e causam a mesma sensação. Milhares de vezes escutei as duas expressões juntas: Que paz! Que liberdade!

* * *

Estou apresentando ao leitor caminhos de libertação para que os irmãos possam amar-se na comunidade. Os obstáculos definitivos para o amor estão dentro do ser humano, e eu estou indicando os meios para remover esses obstáculos, permitindo o amor mútuo.

A adesão é um vínculo emocional, e quase sempre inconsciente. Sempre que há temor, tristeza, inveja, nervosismo, agitação, angústia ou ressentimento, é porque há, sem perceber, alguma aderência a pessoas ou acontecimentos do passado, presente ou futuro, por rejeição ou apropriação. Através da desvinculação mental, consciente e voluntária, seríamos capazes de eliminar os sintomas que acabo de citar.

Para isso é preciso que a pessoa se habitue a ter consciência dessas vinculações emocionais que se estabelecem em seu interior, quase sempre originadas por mecanismos condicionados ou reflexos. A pessoa precisa despertar. Deve acostumar-se a detectar semelhantes laços mentais e a cortá-los por um ato de sua vontade.

Seria uma excelente terapia purificadora. Através dela, o irmão sentir-se-ia livre, conseguiria a paz, e poderia relacionar-se harmonicamente com seus irmãos. Não basta entender. E preciso exercitar-se. É preciso ter paciência. Os caminhos da liberdade (para amar) são longos e estreitos. Temos que levar a esperança conosco.

Deixar que as coisas sejam

Dá pena observar quanta energia os seres humanos consomem inutilmente por se preocuparem com acontecimentos e realidades que não podem mudar. Toda preocupação é adesão, seja por temor, seja por desejo.

Para desenvolver relações pessoais harmoniosas – estamos repetindo – é preciso ter calma e paz. Essa paz é frequentemente ameaçada pelas coisas que sucedem ao nosso redor. Nesse caso, a pessoa fica adesivamente fixada no fato, o que lhe traz uma perturbação geral que, por sua vez, origina reações compulsivas diante dos outros membros da comunidade.

Precisamos de paz para poder amar, e duas coisas roubam a paz e trazem a guerra: a resistência e a adesão.

A resistência é uma energia liberada contra algo ou alguém. A adesão é um laço emocional entre minha pessoa e algo ou alguém. No temor, podem estar presentes ao mesmo tempo duas emoções reativas, opostas entre si: a da adesão e a da resistência. Vamos supor, por exemplo, que vão me transferir deste lugar ou deste cargo. Sinto resistência pela eventual transferência porque há em mim uma adesão emocional profunda ao cargo, precisamos observar que o temor é sempre uma energia desencadeada para defender um interesse ameaçado.

* * *

Para obter e manter a paz interior, abre-se diante de nós o caminho de uma sabedoria simples e global, que se resume nestes princípios: Você pode mudar alguma coisa? Mude-a! Não pode mudar nada? Deixe-a como está! Se a cada momento fôssemos aplicando essas senhas à universalidade da vida, amanheceria no horizonte de nossa alma o grande dia da paz profunda e universal. Todas as nossas energias ficariam livres e disponíveis para o serviço dos outros.

Nossas angústias são provenientes de diversas áreas. Em primeiro lugar, da esfera que chamaríamos de intrapessoal. Sofre-se muito porque se resiste muito, começando por detalhes exteriores, como medidas anatômicas, cor, peso... Não gosto deste nariz, destes olhos, deste cabelo...

Tenho vergonha de alguma coisa em minha pessoa, sou inimigo de mim mesmo, estou em guerra comigo mesmo. Dá para mudar isso? Mude! Se não dá para mudar, que adianta lamentar-se? Desligue-se e não pense mais.

Os anos voam. A festa de ontem não passa de uma lembrança. A juventude escapou como um sonho esquecido e não vai voltar. Aproxima-se o entardecer e logo tudo vai se apagar. Tudo é irreversível: não se pode dar nem um só passo para trás. Caminhamos inexoravelmente para o abismo. Dá para mudar isso? Que adianta protestar? Desligue-se e deixe que as coisas sejam assim. Aceite tudo como foi organizado pelo Pai.

Aceite de uma vez por todas o fato de não ser aceito por todos. Aceite em paz o fato de querer ser humilde e não poder; o fato de não ser puro como desejaria. Aceite em paz o fato de que vai precisar de grandes esforços para conseguir pequenos resultados; e o fato de que a marcha para a perfeição é lenta e pesada. Aceite em paz a condição de pecador: o fato de fazer o que não quer, e de não poder fazer o que gostaria.

Aceite em paz as leis inerentes à condição humana: contingência, precariedade, mediocridade e toda limitação. Em tudo isso, se você puder melhorar alguma coisa, faça-o com toda a generosidade. Mas, quando você se encontrar com as limitações absolutas, deixe as coisas serem como são. Não resista. São assuntos do Pai. Alguém já foi conselheiro dele alguma vez?

Aceite em paz, contra todos os sonhos de grandeza imortal, o fato de que, quando terminarem seus dias, vai continuar tudo como se não tivesse acontecido nada neste mundo, como diz Storm em sua poesia "A uma morta":

> Não posso suportar
> que, como sempre, o sol esteja rindo;
> que, como quando você vivia,
> os relógios marquem e os sinos toquem,
> e se alternem sem descanso a noite e o dia.
>
> Que, diminuindo a luz do dia,
> a noite chegue como sempre chegou.
>
> Que outros ocupem o lugar
> em que você se sentava
> e que ninguém se importe com você.
>
> O tempo passa e os raios de lua,
> filtrados e penteados pelas grades,
> entrecruzam-se sobre a sua tumba.
>
> Não posso suportar...

Numa palavra, continua tudo igual. Aceite em paz a lei da insignificância humana.

Aceite em paz que os ideais são sempre mais elevados que as realidades. Aceite em paz que, cada vez que você empreende alguma coisa, no fim vai acabar quase sempre com um sabor de frustração. Aceite em paz seu desejo de agradar a todos e não conseguir; o desejo veemente de chegar a uma intimidade profunda com Deus e deparar-se com um caminho tão lento e tão difícil.

Contra todos os sonhos de onipotência, fósseis da infância, você vai deparar com tamanha limitação em todas as suas direções. Aprenda a tirar energia de seus poços interiores; e se puder alterar alguma coisa, seja generoso e procure superar suas próprias medidas e as do mundo.

Mas, na marcha da vida, não permita que nenhuma fronteira absoluta o irrite ou o deprima. Vença todos os impossíveis, aceitando-os em paz. Coloque-se nas mãos do Pai e a árvore da paz crescerá no seu jardim e cobrirá tudo com a sombra de sua paz.

* * *

Em segundo lugar, as angústias provêm também dos acontecimentos, que nascem e morrem fora da esfera pessoal. Mas a pessoa estabelece uma corrente emocional com esses fatos ou pessoas, *fazendo-os seus* de alguma maneira, e sofre ou desfruta-os.

Não se sabe por quais impulsos misteriosos o indivíduo estabelece uma ligação, de simpatia ou de repulsa, com tal ou qual personagem, movimento político ou ídolos esportivos. E, conforme as alternativas de tal instituição ou pessoa, sofre ou se alegra, conforme a música do fracasso ou do êxito. E como sofre, como passa medo, como queima energias!

Acontecimentos religiosos, políticos ou esportivos, em âmbito mundial ou local, suscitam um tremor de emoção no interior do ser humano. Ele e outros membros da comunidade vivem em expectativa, tensos, ansiosos, temerosos, desejosos, consumindo energias. Passado o dia, acaba a luta. Grande descarga emocional. Surgem novos líderes, outras instituições. À resistência ou adesão às novas situações corresponde euforia ou depressão, conforme os altos e baixos. A roda da história continua a girar, enquanto a nossa existência se consome e a vida continua igual. Você pode fazer alguma coisa para pôr ordem ou melhorar tudo isso? Faça-o! Se não, por que resistir? Desligue-se e deixe que as coisas continuem do jeito que são.

* * *

As leis decisivas do universo são a impermanência e a transitoriedade. Tudo que chamamos de fenômeno, tudo que vibra e brilha é como uma vara de bambu: não tem substância, está vazio.

Tudo que é visível e temporal está sujeito a uma mudança incessante. Tudo flui, tudo se dilui. Tudo está em perpétuo movimento; sua essência é mover-se: não *ser*, mas *acontecer*. Não existe substância estável ou sujeito geral a que possamos referir os fenômenos empíricos que observamos no universo ou na história do homem.

A essência da história, fenomenologicamente falando, é a transitoriedade e a impermanência. Tudo aparece e desaparece, nasce e morre.

Abrimos um jornal, hoje, e ficamos comovidos com uma notícia sensacional. Amanhã, abrimos de novo e encontramos outra notícia mais sensacional. A notícia do dia anterior foi eclipsada. No terceiro dia, outra notícia! As notícias dos dias anteriores passaram. A própria essência da história é *passar*.

Nesta cidade, trezentos anos atrás, vivia uma geração, com seus dramas e paixões. Duzentos anos atrás, outra geração, com seus próprios dramas. Faz cem anos, outra geração. Agora, outra; daqui a cem anos, mais uma. As gerações passam, cada uma arrastando suas dores e alegrias para o abismo do silêncio. Um dia vai passar a cidade também, carregando aos ombros sua carga histórica.[5]

---

[5] Na perspectiva da fé, existe naturalmente, um sentido e um destino ao longo da trans-história. O crente tem de combater com esperança

* * *

O que passa não tem essência. O que perece pela ação do tempo, o que está sujeito à corrupção e à morte não é *verdade*. As ilusões do eu e os sentidos exteriores apresentam o que, na verdade, é irreal, inútil e doloroso, como alguém que quisesse agarrar uma sombra. A existência empírica, no correr da história e do mundo, é algo precário, efêmero, fictício, numa palavra: aparente.

Não vale a pena sofrer, alimentar adesões e rejeições, medos e desejos, por algo que não tem consistência. O acontecimento mundial que hoje nos apavora vai ser substituído, amanhã, por fatos mais arrepiantes, que depois também serão substituídos. A história caminha sobranceira na roda do tempo, em um *perpetuum mobile*, sem que haja um sujeito ou suporte universal.

Ilusões, paixões, ansiedades, fantasias, medos, projetos... tudo é arrastado inexoravelmente para o oceano da inexistência. Para que sofrer? Nada permanece. Nada fica vibrando, tudo é sepultado no templo do silêncio, como os rios que se sepultam no mar. A transitoriedade impõe sua lei sobre tudo que começa. Para que lançar âncoras em fundos vazios? Deixe que os fenômenos nasçam, brilhem e desapareçam como pirilampos. O Pai dispôs assim. Ele nunca passa. Ele permanece para sempre. O Pai é a realidade.

Quando a gente pensa em certas épocas agitadas da história dos povos, na história das comunidades e em nossa própria história... cheia de loucuras, histerias, guilhotinas,

---

e paz, empregando todas as suas energias. As considerações que fazemos aqui são do ponto de vista fenomenológico.

sequestros, queda e sepultura de hegemonias mundiais, auge e colapso de partidos políticos..., acaba perguntando: o que sobra? O silêncio, com seu manto, cobriu tudo.

Depende de você o que o está apaixonando? Então reúna as energias e trave o bom combate para melhorar tudo o que puder ser conseguido pela sua influência. Mas, se você não pode fazer nada, se a solução não está ao alcance de sua mão, deixe pra lá! Para que queimar energias inutilmente? O que se consegue resistindo ao impossível? Tudo que começa, acaba. Só Deus permanece. Paz na alma e harmonia com os irmãos!

Quando um irmão, através da observação e da meditação, chega à convicção vital da transitoriedade de tudo que o cerca, quando deixa que as coisas sejam e se desliga emocionalmente de tudo que não vale à pena (não "se importa" com o que não importa), a partir desse momento, esse irmão passa a ser inundado por uma luz profunda, como quando o fogo de uma lamparina se apaga, ao acabar o óleo.

Uma rocha, no mar, pode ser combatida por ciclones e permanecer imóvel. É isso que acontece com o irmão que chegou a essa sabedoria: fica tão confirmado na paz que não poderá ser sacudido nem pelos louvores nem pelos vitupérios, e alcança a serenidade de quem está acima dos vaivéns da vida.

Livre das preocupações pelo imprevisível, o irmão permanece como um lago profundo, sereno e claro. Se os irmãos se pusessem a caminho em busca da sabedoria e da humildade, como seria agradável viverem juntos! Quanta energia liberada e disponível para organizar as batalhas de libertação em favor de todos os explorados e esquecidos deste mundo!

Quando um irmão está triste e abatido, ou no auge da crise, é fácil que se deixe levar pela impressão de que essa situação vai se perpetuar, o que aumenta sua angústia. Mas não é isso que acontece. Daí a poucas horas ou dias, passou tudo. Se, no momento agudo, chamasse sua própria atenção, lembrando-se de que tudo é transitório, a tristeza se afastaria e nasceria a paz.

Tal irmão chegará, pouco a pouco, a ter um coração desprendido, pobre e humilde. Podendo desligar-se, quando quiser, de pessoas ou fatos, adquirirá grande domínio de si e de suas emoções, até se encontrar em um ponto aonde não chegam as marés passionais.

Tem plena consciência, pleno domínio de si mesmo, em qualquer circunstância da vida. Vive acordado. Já transcendeu a relatividade e pôs as coisas em ordem: o relativo em seu lugar, e o absoluto em seu lugar.

É então que se acha em disposição ideal para amar.

Seu relacionamento com os irmãos da comunidade será feito de compreensão, bondade e fortaleza.

Agora pode entrar, no mundo tenso, em defesa dos pobres e dos explorados. Não se magoará por incompreensões, nem desanimará por causa das dificuldades.

3. ACALMAR-SE, CONCENTRAR-SE, UNIFICAR-SE

Nervosismo

A observação da vida me levou a concluir que o nervosismo é um produto típico da sociedade tecnológica em que vivemos, e é também uma das causas mais importantes dos desencontros fraternos nas comunidades. É a doença do século.

Entendo por nervosismo uma superprodução de energias neuroelétricas, em estado de descontrole, em determinada pessoa. Mas o mais importante não é a excessiva carga nervosa e sim o conceito de falta de controle. Porque, se as cargas energéticas fossem devidamente controladas e canalizadas, uma sobrecarga de energia nervosa poderia até enriquecer poderosamente uma personalidade.

Essa incapacidade de controle deve ter diversas causas, algumas seguramente escondidas nos níveis inferiores da personalidade, como, por exemplo, as deformações genéticas, frustrações... Isso é sabido.

Mas, no meu parecer, a sociedade mecanizada é a fonte principal dos nervosismos. A televisão, o cinema [e mais recentemente a internet] mantêm a imagem em perpétuo movimento diante de nossos olhos. Todas as técnicas buscam rapidez e eficácia e nos fazem entrar numa corrida competitiva, quase em estado de "guerra" psicológica. Vivemos inundados de *flashes*, de notícias do último segundo... Tudo isso constitui uma agressão ao que há de mais sagrado em uma pessoa: sua integridade interior.

Que é que se sente? Segundo os cálculos de Marcuse, a produção industrial internacional dá à luz os inimigos que penetram e atacam a interioridade: a dispersão, a distração e a diversão. O ser humano começa a desintegrar-se intimamente, perde as rédeas dos impulsos. Em vez de ser dono, sente-se dominado. Em vez de sentir-se como unidade, sente-se como uma justaposição de pedaços de si mesmo, que o arrastam em todas as direções: lembranças daqui, projetos dali, emoções por todos os lados.

A pessoa sente-se vencida, porque está dividida; derrotada, porque está desintegrada. Isso é o nervosismo. Seu fruto é o desassossego. Falando vulgarmente, a pessoa sente-se infeliz. O último elo pode ser o que chamam de "estresse", uma fadiga depressiva em seu estado mais profundo, porque a dispersão consumiu muitas energias.

Que fique claro: a superprodução de energia nervosa provém da desintegração da unidade interior. Não esqueçamos quanta energia é liberada pela desintegração do átomo de urânio.

* * *

Em última análise, as doenças da alma e os comportamentos imaturos são acumulações nervosas, instaladas neste ou naquele campo da personalidade. Assim, por exemplo, a mesma energia, em tal pessoa e em tal situação, toma a forma de inveja. A mesma carga energética, em tal pessoa, toma a forma de tristeza, e assim sucessivamente.

Se uma pessoa é irascível por natureza, quando está excitada aumenta a ira. Se outra pessoa sofre de mania de perseguição, aumenta notavelmente essa mania quando está nervosa. Numa crise nervosa, uma tendência para a melancolia pode alcançar graus muito elevados. Quando um grupo está dominado por uma crise nervosa coletiva, logo aparecem respostas bruscas e outras reações compulsivas.

É fácil tirar algumas conclusões desses fatos. Em primeiro lugar, é impossível uma harmonia fraterna entre irmãos tensos. Em segundo lugar, qualquer exercício que ajude a relaxar e a controlar-se é um auxílio inestimável e imprescindível para criar uma verdadeira fraternidade.

Exercícios para a serenidade

Faço questão de notar que eu mesmo empreguei numerosas vezes todos os exercícios que vou passar a descrever, com milhares de pessoas, nos *Encontros de Experiência de Deus*, para preparar os grupos para o momento da intimidade com Deus.

Ao longo dos anos, eu os fui polindo, mudando muitos detalhes, conforme os resultados que eu mesmo observava, procurando sempre maior praticidade. Vou omitir expressamente alguns exercícios complicados. Apresento alguns meios, simples e fáceis, que qualquer principiante pode praticar sozinho, sem necessidade de guia e com resultados positivos.

* * *

Advertências

Todos os exercícios devem ser feitos lentamente e com grande tranquilidade. Não me cansarei de repeti-lo. Quando não se consegue o resultado normal, é geralmente por falta de serenidade.

Todos estes exercícios podem ser feitos com os olhos fechados ou abertos. Se os fizer com os olhos abertos, mantenha-os (não rígida mas relaxadamente) em um ponto fixo, longe ou perto. Para onde quer que olhe, o importante é "olhar para dentro".

A imobilidade física ajuda a imobilidade mental e a concentração. É muito importante que, durante todo o exercício, se reduza a atividade mental ao mínimo possível.

Se, no começo de um exercício, começar a agitar-se, o que é comum no princípio, deixe-o por um momento. Acalme-se um instante e recomece. Se alguma vez a agitação for muito forte, levante-se e deixe tudo, por enquanto. Evite sempre a violência interior.

Lembre-se de que, no começo, os resultados serão exíguos. Não desanime. Lembre-se de que todos os primeiros passos, em qualquer atividade humana, são difíceis. É preciso ter paciência para aceitar um avanço lento, e muita constância. Os resultados costumam ser díspares. Em alguns dias, obterá com facilidade o resultado esperado. Outras vezes, vai ser tudo difícil. Aceite em paz essa disparidade e persevere.

Quase todos estes exercícios causam sono, quando se consegue o relaxamento. Convém praticá-los em horas mais sossegadas. Para os que sofrem de insônia, aconselha-se fazer qualquer um dos três primeiros exercícios, principalmente o primeiro, na hora de deitar-se. Dez minutos de exercício levarão a um plácido sono.

Depois de ter experimentado todos os exercícios, pode ficar com aquele(s) que preferir, de acordo com o resultado que obtiver. Também pode fazer uma combinação entre vários deles. E, se perceber que isso é melhor, também pode introduzir modificações em qualquer um.

Depois de um desgosto grave, de um momento fortemente agitado ou de uma fadiga depressiva, retire-se para seu quarto. Quinze minutos de exercício poderão deixá-lo parcial ou totalmente aliviado.

Use estes exercícios para perdoar, para livrar-se de obsessões ou estados depressivos. No começo não vai conseguir resultados. Mais tarde sim, principalmente se se deixar envolver pela presença do Pai.

* * *

Preparação

Esta preparação deve preceder cada exercício.

Sente-se em uma cadeira ou em uma poltrona. Assuma uma postura cômoda. Se for possível, não se encoste. Faça com que o peso de seu corpo caia equilibradamente sobre a coluna vertebral ereta. Ponha as mãos sobre os joelhos, com as palmas para cima e os dedos soltos.

Fique tranquilo. Tenha paz. Calma. Sem demorar muito, vá tomando consciência dos ombros, pescoço, braços, mãos, estômago, pernas, pés... e "sentindo-os" soltos.

Seja um "observador" de seu movimento pulmonar. Acompanhe mentalmente o ritmo respiratório. Distinga a inspiração da expiração. Respire profundo, mas sem se agitar.

Acalme-se. Pouco a pouco, vá se desligando de lembranças, impressões interiores, ruídos e vozes exteriores. Tome posse de si mesmo. Permaneça em paz.

Essa preparação deve durar uns cinco minutos e nunca deve ser omitida no começo de qualquer exercício.

Se quiser, pode fazer estes exercícios sentado no chão, numa almofada, com as pernas cruzadas (ou, se é incômodo, com as pernas esticadas), apoiando-se levemente à parede com todo o tronco (inclusive a cabeça), de tal maneira que se sinta completamente descansado, e faça a preparação indicada.

Também pode fazer os exercícios deitado no chão, sobre um cobertor (faz bem para a coluna) ou na cama, de barriga para cima, com os braços estendidos junto e ao longo do corpo, possivelmente sem travesseiro.

Se, em qualquer dessas posturas, sentir que algum músculo ou membro o incomoda, deve mudar de posição até encontrar a postura descansada.

Exercício do vazio

As tensões são acumulações nervosas, localizadas nos diversos campos do organismo. A mente (o cérebro) é que as produz, mas são sentidas em diferentes pontos do organismo. Se pararmos o motor (a mente), as cargas energéticas desaparecerão e a pessoa sentir-se-á descansada, em paz.

Este exercício consegue duas coisas: relaxamento e controle mental. Pode ser praticado em uma destas três maneiras:

1. Preparação

a) Com grande tranquilidade, pare a atividade mental, "sinta-se" como se sua cabeça estivesse vazia, "experimente" como se em todo o seu ser não houvesse nada (pensamentos, imagens, emoções...), pare tudo. Será mais fácil conseguir isso se for repetindo suavemente: nada, nada, nada... Faça isso durante uns 30 segundos. Depois, descanse um pouco. Depois, faça-o outra vez. E assim, umas cinco vezes. Quando tiver praticado bastante, deve sentir que não somente a sua cabeça, mas todo o seu corpo está vazio, sem correntes nervosas, sem tensões. Sentirá alívio e calma.

b) Num primeiro momento, feche os olhos, imagine-se diante de uma imensa tela branca. Isso levará sua mente a ficar em branco, sem imagens nem pensamentos durante uns 30 segundos. Abra os olhos. Descanse um pouco. A seguir, feche os olhos, imagine estar diante de uma tela escura. Permaneça em paz. Sua mente vai ficar no escuro, sem pensar nem imaginar nada, durante uns 30 segundos ou mais. Abra os olhos, descanse um pouco. Imagine então estar diante de uma pedra grande. Essa pedra "sente-se" pesada, insensível, inerte. Mentalmente, imagine que você é essa pedra; "sinta-se" como ela, e fique assim imóvel durante meio minuto ou mais. Abra os olhos. Descanse. Ao final, imagine-se como uma grande árvore; "sinta-se" por um minuto como a árvore: viver sem sentir nada. Abra os olhos. Deverá estar aliviado e descansado.

c) Pegue um relógio nas mãos e fique imóvel, olhando para ele. Com grande tranquilidade, fixe o olhar no ponteiro dos segundos. Siga o seu movimento durante um minuto, sem pensar nem imaginar nada. Sua mente está vazia. Repita isso umas cinco vezes. Não se impaciente se as distrações interferirem. Elimine-as e continue tranquilamente.

Para fazer uma avaliação, perguntei muitas vezes aos grupos qual das três modalidades ajudava-os a conseguir o vazio. Quase unanimemente me respondiam que a primeira (letra a).

Exercício de relaxamento

Este exercício pretende, diretamente, relaxar e pacificar todo o ser. Indiretamente, obtém-se o domínio de si e a concentração mental. Também consegue – quando benfeito – eliminar as doenças nevrálgicas e aliviar as dores orgânicas.

Preparação

Feche os olhos, volte sua atenção para o seu cérebro, identificando-se com sua massa cerebral. Com atenção e sensibilidade, detecte o ponto exato que o incomoda ou que está tenso. Com grande tranquilidade e carinho, muito identificado com esse ponto, comece a dizer, pensando ou falando suavemente: "Acalme-se, sossegue, fique em paz", repetindo várias vezes essas palavras, até que o mal-estar desapareça.

Passe depois a atenção para a garganta. E faça o mesmo até que tudo fique relaxado.

Passe a seguir para o coração. Identifique-se atenciosamente com o nobre músculo, como se fosse uma pessoa diferente. É preciso tratá-lo com grande carinho, já que frequentemente o maltratamos (cada euforia e cada desgosto é uma agressão). Fique imóvel e, com paz e carinho, peça a ele que se acalme, funcione sossegadamente, mais lentamente. Repita essas palavras várias vezes até que o ritmo cardíaco se normalize.

Os maiores tesouros da vida seriam esses dois: controle mental e controle cardíaco. Quantos desgostos seriam evitados! Poder-se-iam dispensar muitas consultas médicas, prolongar-se-ia a vida e se viveria em paz. Com paciência e constância, isso pode ser obtido.

Passe em seguida para a grande área do estômago e dos pulmões. Lembre-se de que se sente o medo, a ansiedade e a angústia... na boca do estômago. Fique imóvel e detecte, com atenção e sensibilidade, as tensões e as acumulações nervosas, e tranquilize tudo dizendo as mesmas palavras anteriormente ditas.

Se sentir alguma dor orgânica nesse momento, passe mentalmente para esse ponto, e alivie a dor com as mesmas palavras.

Reinando a calma em seu interior, faça um rápido passeio pela periferia do organismo. "Sinta" que a cabeça e o pescoço, na parte exterior, estão relaxados. "Sinta" que estão soltos e relaxados os braços, as mãos, as costas, abdome, pernas, pés...

Para terminar, repita em voz alta e intensamente, durante meio minuto: "Em todo meu ser reina completa calma".

Exercício de concentração

Com este exercício pretendem-se duas coisas: facilidade para controlar e dirigir a atenção e, em segundo lugar, unificar a interioridade.

Preparação

Quieto, tranquilo, com a atividade mental reduzida ao mínimo, perceba o ritmo respiratório. Não pense, não imagine, não force – simplesmente perceba o movimento pulmonar durante alguns minutos. Seja espectador de si mesmo.

Depois, mais imóvel e tranquilo ainda, fique atento e sensível a todo o seu organismo, e detecte em alguma parte de seu corpo (qualquer parte) as batidas cardíacas. Quando as tiver localizado, por exemplo, no contato dos dedos, ou em outra parte, fique centralizado "aí", atento, imóvel durante alguns minutos, "escutando".

Chegamos finalmente ao momento mais alto da concentração: *a percepção de sua identidade pessoal*. Como se faz? É simples: não se trata de pensar nem de analisar-se, mas de perceber-se. Ao mesmo tempo, você percebe e é percebido. Fica concentradamente consigo, identificado consigo.

Para conseguir essa impressão, que é o ápice da concentração, será bom dizer várias vezes: "Fulano (*diga mentalmente seu nome*), eu sou eu mesmo... Eu sou minha consciência".

Exercício auditivo

O objetivo é a concentração.

Preparação

Fique imóvel, olhando para um ponto fixo; escolha uma palavra e repita lentamente durante uns cinco minutos, enquanto tudo vai desaparecendo em seu interior. Ficam apenas a palavra e seu conteúdo.

A palavra pode ser uma destas: paz, calma, nada...

Para ajudar a oração, pode ser: "Meu Deus e meu tudo".

Exercício visual

Este exercício ajuda na concentração e na unificação.

Preparação

Tome uma imagem – uma figura de Cristo, de Maria, uma paisagem, ou uma ilustração que seja muito evocativa para você.

Segure-a nas mãos, diante de seus olhos. Com grande tranquilidade e paz, olhe atentamente a imagem durante um minuto.

A seguir, durante uns três minutos, procure "descobrir" os sentimentos que a imagem evoca em você: intimidade, ternura, fortaleza, calma...

Procure, então, identificar-se com essa imagem, e principalmente com os "sentimentos" que descobriu. Acabe o exercício "impregnado" por esses "sentimentos".

Depois, mais imóvel e tranquilo ainda, fique atento e sensível a todo o seu organismo, e detecte em alguma parte de seu corpo (qualquer parte) as batidas cardíacas. Quando as tiver localizado, por exemplo, no contato dos dedos, ou em outra parte, fique centralizado "aí", atento, imóvel durante alguns minutos, "escutando".

Chegamos finalmente ao momento mais alto da concentração: *a percepção de sua identidade pessoal*. Como se faz? É simples: não se trata de pensar nem de analisar-se, mas de perceber-se. Ao mesmo tempo, você percebe e é percebido. Fica concentradamente consigo, identificado consigo.

Para conseguir essa impressão, que é o ápice da concentração, será bom dizer várias vezes: "Fulano (*diga mentalmente seu nome*), eu sou eu mesmo... Eu sou minha consciência".

Exercício auditivo

O objetivo é a concentração.

Preparação

Fique imóvel, olhando para um ponto fixo; escolha uma palavra e repita lentamente durante uns cinco minutos, enquanto tudo vai desaparecendo em seu interior. Ficam apenas a palavra e seu conteúdo.

A palavra pode ser uma destas: paz, calma, nada...

Para ajudar a oração, pode ser: "Meu Deus e meu tudo".

Exercício visual

Este exercício ajuda na concentração e na unificação.

Preparação

Tome uma imagem – uma figura de Cristo, de Maria, uma paisagem, ou uma ilustração que seja muito evocativa para você.

Segure-a nas mãos, diante de seus olhos. Com grande tranquilidade e paz, olhe atentamente a imagem durante um minuto.

A seguir, durante uns três minutos, procure "descobrir" os sentimentos que a imagem evoca em você: intimidade, ternura, fortaleza, calma...

Procure, então, identificar-se com essa imagem, e principalmente com os "sentimentos" que descobriu. Acabe o exercício "impregnado" por esses "sentimentos".

CAPÍTULO IV

AMOR OBLATIVO

> *A rosa existe sem um porquê; floresce por florescer.*
> *Não presta atenção em si mesma*
> *nem pergunta se olham para ela.*
>
> Silesius

> *Quaisquer sejam as queixas do neurótico,*
> *quaisquer sejam os sintomas que apresente,*
> *todos têm sua raiz na incapacidade de amar,*
> *entendendo por amor a capacidade de sentir*
> *preocupação, responsabilidade, respeito e compreensão*
> *para com outra pessoa.*
> *A terapia analítica é, essencialmente, uma tentativa*
> *de ajudar o paciente a recuperar a capacidade de amar.*
> *Se essa finalidade não for cumprida, só se*
> *conseguirão mudanças superficiais.*
>
> Erich Fromm

1. DAR A VIDA

Amor! Palavra mágica e equívoca.

O que é o amor? Emoção? Convicção? Conceito? Ideal? Energia? Êxtase? Impulso? Vibração?

O que se vive, não se define. Tem mil significados, veste-se de mil cores, confunde como um enigma, fascina como uma sereia.

Alguns acham que não existe diferença entre o amor e o ódio, que são duas faces da mesma coisa. Outros dizem que o egoísmo e o amor são a mesma energia. E isso é verdade. Só muda o destinatário. As ruas estão cheias de cânticos, e os cânticos estão cheios de amor. Em nome do amor inventam-se belas mentiras, em seu nome a morte se reveste de vida e – quantas vezes – a vida se veste de morte.

Seus símbolos são uma rosa e um coração. Dizem que seu ponto mais alto é o amor de mãe. Mas também nos falam das mães possessivas, que parece que amam até ao paroxismo, quando na realidade estão amando a si mesmas. Tudo está cheio de equívocos. Temos de esclarecer as coisas.

Fonte primeira do amor

O homem mais sensível do Evangelho, em questão de amor, é João. Seus pensamentos e dizeres cristalizam-se na preocupação fraterna. Tanto no Quarto Evangelho como em suas Cartas, o amor fraterno é uma densa melodia que percorre as páginas, ilumina e dá sentido a tudo. Não há guia tão prático quanto João para esta peregrinação pelas sendas da fraternidade.

Em sua companhia, subiremos contra a corrente o rio da história, até chegar ao manancial original das águas imortais: Deus.

* * *

João começa identificando duas palavras: Deus e amor. Para ele, as duas expressões são como uma estrela e outra estrela: contêm o mesmo fogo. Se dizemos que Deus é amor, podemos acrescentar que onde está o amor, aí está Deus. No mesmo caminho, podemos chegar a outra conclusão: onde não há amor, Deus não está presente, e onde Deus não está, não pode haver amor.

Se Deus estivesse onde não há amor, ou não houvesse amor onde está Deus, estaríamos em ambos os casos diante da mentira. João se pronuncia, a respeito, com uma radicalidade que assusta e espanta.

> Se alguém disser: "Amo a Deus",
> mas odeia a seu irmão, é um mentiroso.
> Quem não ama a seu irmão, a quem vê,
> a Deus que não vê não poderá amar.
> E este mandamento dele recebemos:
> aquele que ama a Deus, ame também o seu irmão
> (1Jo 4,20-21).

O amor está sempre em tensão, porque abre as asas sobre dois polos. Começa abrindo-se para o centro de si mesmo. É a fase implosiva: primeiro explode para dentro.

Ainda não existiam dias nem distâncias e, no misterioso lar trinitário, as Três Divinas Pessoas originavam as *relações*. As relações originavam as *pessoas*, em um circuito perpétuo de vida. Uma corrente vital envolvia, penetrava e unificava de tal maneira as Três Pessoas, que tudo era comum entre elas: poder, sabedoria, amor.

Essa vitalidade inefável e infinita surgia dos abismos insondáveis, atravessava e irrigava, como um rio, as Três santas pessoas. Em suas águas elas se olhavam, se conheciam e se amavam, e assim os três eram UM. Dessa maneira, na quieta tarde da eternidade, o amor foi um incêndio que se consumiu para dentro, acumulando uma infinita carga implosiva.

* * *

Quando a acumulação chegou a tal ponto, não pôde mais conter-se e Deus começou a abrir-se para fora: veio a fase explosiva. Acontece sempre o mesmo: à violência expansiva do amor corresponde a sua potência implosiva.

Deus saiu de suas fronteiras, derramou-se em tempos e maneiras diversos. Acompanhou o ser humano na areia do deserto. De dia, cobria-o contra os raios solares. De noite, para impedir que tivesse medo, tomava a forma de uma brilhante tocha de estrelas. O Senhor plantou sua tenda junto do ser humano, em viagem, ao pé das palmeiras. Transformou-se também em espada e trombeta na boca dos profetas. Fez proezas incríveis.

Depois de tudo isso, quando os tempos amadureceram, superou toda imaginação, entregando-nos o que lhe era mais caro: seu Filho.

> Deus enviou seu Filho Unigênito ao mundo
> para que vivamos por ele.
> Não fomos nós que amamos a Deus,
> mas foi ele quem nos amou primeiro (1Jo 4,9-10).

* * *

João continua: se desejamos participar da luminosa natureza de Deus, só temos um caminho para essa divinização: o do amor, porque Deus é amor.

Como amar significa *dar*, só nos divinizaremos *dando-nos*. Mas, dar-se a quem? Neste ponto, João descuida-se de sua coerência lógica, sai da direção vertical e, sem o esperarmos, passa para a via horizontal. É estranho!

Explico-me. O amor, brotando do coração do Pai, derramou-se entre os seres humanos, através de Jesus Cristo, verdadeiro canalizador. Esperaríamos que João continuasse sua dissertação dizendo: "Já que amor com amor se paga, se Deus nos amou de tal maneira, temos que lhe pagar na mesma moeda, devolvendo-lhe o mesmo amor". Mas, em vez de seguir essa linha vertical, João sai pela tangente:

> Se Deus assim nos amou,
> devemos, nós também,
> amarmo-nos uns aos outros (1Jo 4,11).

Portanto, para que o amor possa regressar, realizado e maduro, para a fonte original do Pai, deverá dar uma ampla volta pelas terras da fraternidade, em longo processo de amadurecimento.

Instalado firmemente no solo fraterno, João consolida o território ocupado, com expressões vigorosas.

Meus caros! Tomem nota disto: como vocês sabem, nenhum mortal viu nem chegará a ver nem um pedacinho sequer do fulgor de Deus. Mas fiquem sabendo que, se nos amarmos uns aos outros, ele próprio, pessoalmente, vai habitar em nós, e nós nos converteremos em espelhos brilhantes, e Deus se tornará visível a todos. Nós acreditamos no amor porque sentimos em nossa própria carne o amor original do Pai.

Sim. Nós sabemos experiencialmente que Deus é amor. E, se nos amarmos uns aos outros, nossas raízes permanecerão plantadas no coração do Pai, e seu amor crescerá em nosso coração.

> Amemo-nos uns aos outros,
> porque ele nos amou primeiro (Cf. 1Jo 4,12-17).

* * *

Quando chega a este ponto, João para, desconfiado. Conhecia muito bem a árvore humana. No verde esplendor de sua folhagem, tinha encontrado tantas emoções e tão poucos frutos...

João avisa que não nos deixemos enganar, já que, em questão de amor, a verdade e a mentira cantam no mesmo compasso. Se alguém nadar em riquezas deste mundo e ficar impassível ao ver seu irmão com fome, como se poderá dizer que o amor de Deus mora nesse coração?

> Cuidado, meus caros,
> tratando-se de amor é fácil emocionar-se
> e dizer palavras lindas.
> Mas o que vale são os fatos (Cf. 1Jo 3,18).

Via oblativa

Então, como é que se ama? Qual o critério para distinguir as emoções dos fatos? João responde:

Ele deu sua vida por nós.
E nós também devemos
dar as nossas vidas pelos irmãos (1Jo 3,16).

Um amor exigente e concreto, dentro da lei da renúncia e da morte. Em outras palavras, um amor oblativo, não um amor emotivo.

Com essas palavras, João desfaz as ambiguidades, descendo até o fundo do mistério, e nos dá uma definição radical e inequívoca do amor fraterno.

Amar oblativamente consiste em *dar a vida*.

* * *

Que quer dizer *dar a vida*, no contexto dos escritos de João?

É preciso lembrar que não se trata de *dar* alguma coisa: "tome este presente"; "aceite esta esmola". Trata-se de *dar a mim mesmo*. Pois bem, para *dar-nos* temos de desprender-nos de nós mesmo, e todo desprendimento, além de ser doloroso, envolve um sentido de morte.

Se eu lhe dou este relógio, não sofro, porque não há desprendimento. Mas se eu quiser dar-lhe minha pele, precisarei arrancá-la antes de dar. Isso dói. Tudo que está vitalmente aderente à pessoa, como nos casos de perdoar, adaptar-se... exige um desligamento antes da entrega, e desligar-se de alguma coisa viva é sempre morrer um pouco.

Amar oblativamente é *morrer um pouco*.

À luz de São João, vamos descer à arena da vida e comprovar com exemplos a veracidade e o realismo dessa definição objetiva do amor fraterno.

Suponhamos que haja, na comunidade, um indivíduo que, por diversas condições históricas ou temperamentais, provoca em mim uma forte rejeição. Como vou amá-lo? Se deixar que se levantem os impulsos naturais, não vou conseguir impedir uma espontânea manifestação contrária. Que fazer? Tenho que me *negar* a esses instintos (cf. Mt 16,24), *obrigar-me* (cf. Mt 11,12) a vencer a repugnância que a pessoa causa em mim (desprender-se é suprimir um impulso natural de resistência) e *dar-me* em forma de aceitação.

Tenho que morrer a algo *meu*, e muito *vivo*. Uma oblação.

Ninguém perdoa por gosto, ou por uma ideia. Para que eu me dê em forma de perdão àquele sujeito que me desprestigiou, terei de fazer morrer os impulsos de represália, *matar* alguma coisa minha, muito viva, que é o ressentimento, *esquecer* velhas feridas, e dar-me em forma de *perdão*.

Isso não causa nenhuma emoção: não é um amor emotivo. Ao contrário, até dói, e por isso é um amor oblativo.

Não sei se estou projetando ou transferindo neste indivíduo alguma personagem esquecida, mas o fato é que sua presença me irrita. Se me deixar levar pelas reações espontâneas, agiria atropeladamente a respeito dele. Para agir de maneira bondosa, tenho de *dar a vida*, suprimindo os impulsos violentos, e *dar-me* em forma de *paciência*.

O amor oblativo é impossível?

Depois de ter conhecido muitas comunidades e ter atendido a numerosas consultas pessoais, a gente sabe quantas resistências se interpõem entre os membros de uma comunidade ao longo de uma convivência: transferências, projeções, reações de autoafirmação e agressividades de todo tipo... Isso é o espontâneo.

Como já explicamos, existe o princípio do prazer, que é o grande motivo da conduta humana. *Dar a vida* é contrário ao princípio do prazer. Numa esfera meramente humana, o amor oblativo é utopia. Qual seria o princípio do prazer que motivaria condutas oblativas? É o próprio Jesus Cristo, se estiver verdadeiramente vivo no coração dos irmãos. Nesse caso, ele é capaz de causar maior satisfação que qualquer outro motivo, e constitui a grande recompensa. Só o *irmão* Jesus, vivo e presente, cura, acalma, unifica. Já falamos sobre isso.

Em caso contrário, o amor oblativo é impossível. Suponhamos que surgiu forte a mútua aversão entre duas pessoas. Sentem-se como que separadas por um campo minado. Quem vai resolver isso? Que psicoterapias, que idealismos ou conceitos românticos haverá no mundo que possam eliminar essas barreiras e unir esses corações? Humanamente, não há solução. Lembremo-nos do que foi dito sobre o inconsciente. Que fazer? Separá-los e colocá-los em casas diferentes? Mas, isso seria solução, ou fuga?

A solução, nesse caso, deve vir de fora. O libertador que nos salvará desse beco sem saída é Jesus Cristo. Só ele pode descer à região indômita e "redimir" as fibras do coração. Só Deus pode inverter tudo: as forças de resistência em forças de acolhimento, a violência em suavidade...

Sem oração, o amor oblativo é impossível. E sem amor oblativo, a vida em fraternidade é impossível. Alguém poderia replicar que é impossível a vida de oração sem a vida de fraternidade. É verdade. Estamos em um círculo vicioso.

Quem quebra o círculo? Mais uma vez, o próprio Deus. Só nele e por ele podemos romper o primeiro elo, o do perdão. A partir daí o círculo fica aberto, e o caminho, livre.

* * *

Alguns acham que o amor oblativo é contra a espontaneidade. O que acham que é espontâneo? Tudo o que vem naturalmente do inconsciente instintivo? Então sim, "o homem é o lobo do homem". Mas eu pergunto: será bom, em nome da espontaneidade, deixar soltos os instintos de vinganças, invejas, e reações compulsivas? Seria possível uma comunidade nessas condições? Onde iria acabar a sociedade humana?

E ainda há mais. Há os que dizem que isso vêm do princípio freudiano, isto é, de uma esfera sem fé. E é claro que sem fé não pode haver oblação. Mas, sem fé, quem é que redime o coração humano? Que *meios de redenção* podem oferecer-nos os psicanalistas? Poderão ajudar na hora do diagnóstico, mas, na hora da *salvação*, de que meios ou remédios podem dispor?

Amizade e fraternidade

Não podemos pegar um bisturi, fazer uma incisão e marcar as fronteiras entre os motivos de uma conduta, dizendo: chega até aqui a influência dos impulsos vitais; aqui começam as convicções da fé. Até aqui, a fraternidade; daqui para frente, a amizade. Tudo está proporcionalmente combinado. Entretanto, para nos entendermos, temos que dividir e distinguir.

Na própria substância da pessoa estão subjacentes as sementes do que chamaríamos de *amor de amizade*. São forças de relação. Nascem com a pessoa. Vêm do sangue. Algumas vezes podem ser estimuladas por circunstâncias históricas, mas em geral são congênitas.

Vamos dar-lhe um nome desde o começo: *afinidade*. Trata-se de uma simpatia natural, que brota espontaneamente entre duas pessoas. Já existia antes que as duas pessoas se encontrassem. Bastou que se fizessem mutuamente presentes e a força simpatizante foi despertada.

Isso é fácil de perceber e difícil de expressar. Para nos exprimirmos, cunhamos algumas expressões na linguagem popular: "combina comigo"; "não faz meu tipo". Ou então: "gosto dessa pessoa e não sei por quê"; "não posso nem ver aquela outra, e não sei por quê". Como se vê, trata-se de forças subjetivas, de caráter emocional, que escondem as raízes no submundo inconsciente. Não têm lógica nem explicação racional. Geralmente permanecem fora do alcance da psicanálise, embora seja possível que algumas vezes entrem em jogo certos elementos inconscientes de transferência ou projeção, como nas simpatias e antipatias. Mas, em geral, não são razões históricas e sim genéticas.

Esse "não sei quê" – como as pessoas dizem – que fez nascer entre duas pessoas, desde o dia em que se conheceram, uma viva simpatia, como que por geração espontânea, e as levou a se relacionarem sempre às mil maravilhas, a conviver até a morte em feliz harmonia, apesar de seus critérios serem muito divergentes em muitas coisas. Esse "não sei quê", que fez com que duas pessoas, apesar de harmoniosa convivência durante trinta anos, não conseguirem nunca ser amigas, embora nunca tivesse havido desavença séria entre elas.

Em acústica, se dois instrumentos estiverem no mesmo número de vibrações, quando um é percutido, o outro entra automaticamente em vibração, se estiver perto. Nesse caso, se diz que os dois instrumentos estão *em harmonia*.

A afinidade psíquica consistiria nisso: *duas pessoas em harmonia*. Esse "parentesco" psíquico não pode ser conseguido nem cultivado. Existe ou não existe, sem depender da vontade das pessoas.

* * *

Depois dessa explicação, é fácil entender que a amizade nasce da afinidade.

A amizade não é senão o cultivo dessa simpatia preexistente. E o desenvolvimento das harmonias subjacentes nas duas pessoas. Basta pôr em contato essas forças empáticas, como dois polos, e nasce a amizade, com tanta naturalidade!

Portanto, a raiz do amor de amizade é o fogo natural e espontâneo da afinidade.

A raiz do amor de fraternidade é a fé, como vimos. A fraternidade evangélica é uma comunidade de fé, sob a força da Palavra.

* * *

O amor da amizade é *natural, espontâneo*. Não é preciso cultivá-lo: brota naturalmente, como a semente em contato com a terra fértil.

O amor de fraternidade *não é espontâneo*, mas fruto de uma *convicção*. O motivo do amor, nesse caso, não é um impulso vital, mas os critérios da fé. O amor da fraternidade passa por cima das reações impulsivas (gosto, não gosto, ofendeu-me, não me aceita...) e descobre no outro o *irmão*, porque o Pai dele é meu Pai, e meu Deus é o seu Deus.

Não importa que haja ou não consanguinidade ou afinidade entre nós. Temos em comum algo mais importante: uma raiz subterrânea que arma e sustém existências diferentes: o Pai. A tal ponto que lá, na substância original paterna, ele e eu somos uma só e a mesma realidade. Essa convicção nasce da fé.

O amor da amizade é *particular* e restritivo por sua própria natureza. Depois das explicações que demos, essa afirmação é óbvia. Nasce e cresce só entre os que são constituídos pelas mesmas vibrações psíquicas, só entre eles. Essa *feliz harmonia* é uma chama viva de fogo. Para que se acenda tem de haver contato entre dois polos vibrantes e harmônicos.

O amor de fraternidade é *universal*. O amor fraterno se caracteriza pela falta de exclusividade. Quaisquer que sejam as peculiaridades pessoais que nos distinguem, são as raízes que nos unem e nos mantêm na identidade.

> A psicanálise mostra que o amor, por sua própria natureza, não pode ficar restrito a uma pessoa. Quem ama só uma pessoa e não ama seu "próximo" demonstra que seu amor é um apego de submissão ou de dominação, mas não de amor.
> O amor que só se pode sentir por uma pessoa, demonstra, só por isso, que não é amor, mas vinculação simbiótica.

Como dissemos, não podemos fazer dicotomias. Em toda fraternidade, há uma boa dose de amizade, e na amizade, pode haver alguns graus de fraternidade. Tudo está combinado. É bom que as fraternidades se interroguem com frequência: "O que prima em nosso relacionamento: amizade ou fraternidade?".

* * *

Cultivar a amizade impede ou favorece a vida fraterna?

Não estamos pensando nas amizades possessivas que entorpecem o crescimento da personalidade. Toda amizade é dom de Deus, é de madeira nobre e, por sua própria natureza, envolve os amigos em um círculo de calor e luz.

Falando em geral, se a amizade for cultivada sem controle e sem medida no seio de uma comunidade, por mais nobre que seja, poderá transformar-se em uma cunha divisória, cravada na árvore da fraternidade, por sua natureza restritiva, principalmente nas pequenas fraternidades.

Suponhamos que se trate de dois amigos que vivem, não em uma comunidade, mas na sociedade. Nesse caso, o cultivo da amizade não precisa ter reservas. Será plenamente positivo.

Mas, no caso de uma comunidade, as circunstâncias mudam. Precisamos ter consciência de que, numa fraternidade, por sua natureza, devem desenvolver-se as relações interpessoais entre todos os membros, numa convivência comum, em um relacionamento universal. Isso é exigido pela própria natureza social da fraternidade.

Se dois irmãos-amigos se deixarem levar com toda espontaneidade pelo impulso de afinidades existentes entre eles e, levados pelo desejo natural de estar juntos, conviverem grande parte do tempo... é evidente que a convivência geral vai sofrer as consequências, porque não vão cultivar a convivência com os outros irmãos. Poderá sobrevir uma divisão e poderá haver curtos-circuitos no edifício fraterno.

Sem renunciar à nobre amizade, esses amigos – que antes de ser amigos são irmãos – deveriam controlar a si mesmos, tomar consciência e lembrar muitas vezes a natureza da sociedade de que fazem parte, assim como as obrigações daí decorrentes, para agir de acordo.

Tensões e vida fraterna

Em uma comunidade pode haver verdadeira fraternidade sem que exista o que chamo de "feliz harmonia". Em outras palavras: a presença de dificuldades não significa, necessariamente, ausência de vida fraterna. Tensões e fraternidade podem coexistir.

Imaginemos uma comunidade composta de indivíduos de temperamentos divergentes ou de critérios opostos. Em dado momento, uma discussão aguda levou-os a uma ruptura emocional que acabou em um estado de relações paralisadas. O *irmão* não os deixou em paz. Um dia, antes da missa da fraternidade, reuniram-se no nome do Senhor, houve uma reconciliação completa, e tudo começou de novo. O mesmo aconteceu outras vezes.

Esses irmãos não chegam a uma *camaradagem*, devido a suas personalidades fortes e divergentes, mas reina em sua casa uma formosa fraternidade, há muito amor oblativo, *dão vida* (e muita vida) em cada reconciliação, mesmo que não cheguem à feliz convivência de *companheiros*. Há tensão e reconciliação. Para eles, fraternidade é começar de novo.

Ao contrário, outra fraternidade pode parecer um clube de velhos amigos. Ninguém se preocupa com ninguém. Nunca discutem. Jamais sentem alguma tensão. E é só porque são assim: camaradas de bom caráter, ou porque, mesmo sem o declarar, chegaram a um convênio tácito de não se preocupar com ninguém, de não se meter no campo alheio e de caminhar cada um na própria direção. Nessa casa existe uma camaradagem magnífica. Mas não há vida fraterna.

* * *

A observação da vida me convenceu de que é aqui, no terreno da afinidade, que se jogam os principais pontos da vida fraterna, principalmente no mundo feminino, mais inclinado a reações emocionais.

Um dos segredos fundamentais do bom andamento da união fraterna consiste em colocar as convicções da fé acima das emoções. O motor dinâmico de uma comunidade será, portanto, o amor oblativo, mais que o emotivo.

É certo que alguns tiveram por sorte uma natureza notavelmente harmoniosa. Nasceram assim e, sem o menor esforço, sintonizam com as pessoas de qualquer temperamento. Mas, para a imensa maioria de nós, amar evangelicamente significa viver vigilantes sobre nossas reações naturais, superando as emoções com as convicções.

2. ACEITAR, AMAR A PRÓPRIA PESSOA

Ó Deus, dá-me a serenidade
para aceitar as coisas que não posso mudar;
a coragem para mudar as coisas que posso;
e a sabedoria para discernir entre umas e outras.

Há muitas pessoas que têm dificuldades para aceitar os outros porque não conseguem aceitar a si mesmas. Ou, de outra forma: quem rejeita a si mesmo, rejeita os outros. Os conflitos compulsivos manifestam-se no nível interpessoal quando já estavam incubados havia tempo na esfera intrapessoal.

Podemos pecar por *falta de amor* a nós mesmos. Até mais: a falta de amor a si mesmo é tão grave quanto a falta de amor ao irmão. Quem se envergonha de sua própria fisionomia é como quem despreza o próximo. O que fica triste porque não tem qualidades ou porque não pôde triunfar é como o que se deixa levar pela aversão ao irmão.

Nietzsche, em seu *Assim falou Zaratustra*, diz: "Não vos podeis suportar, não amais suficientemente a vós mesmos".

Diversas formas de egoísmo

Estamos metidos entre conceitos e vocábulos, impregnados de ambiguidade, e não vai ser fácil sair bem.

Amor a si mesmo e egoísmo são a mesma coisa? Será idêntico o significado destas expressões: amar a si mesmo e amar a própria pessoa? Existe contradição real entre o amor por si mesmo e o amor pelos outros?

Será verdadeira e objetiva esta proporcionalidade: quanto mais amo a minha pessoa menos amo ao irmão, e quanto mais amo o irmão menos amo a minha pessoa? Ou, pelo contrário, poderemos dizer que, quanto mais amo minha pessoa, mais amarei meu irmão?

A Bíblia diz: "Ama teu próximo como a ti mesmo". Tratando-se de amor, existem as mesmas obrigações para com o próximo e para comigo mesmo: respeitar-me, aceitar-me, acolher-me... Se é virtude amar o próximo como um ser humano, eu também sou um ser humano, e amar a pessoa que eu sou, também é virtude.

Afinal, o que é egoísmo? Erich Fromm nos apresenta uma excelente descrição. E o faz em um contexto especial: no sentido de que o amor de si mesmo e o egoísmo não são idênticos mas opostos:

> A pessoa egoísta está interessada apenas em si mesma, deseja tudo para ela, não sente prazer em dar, mas só em receber.
>
> O mundo exterior é contemplado apenas do ponto de vista do que pode tirar dele. Não tem interesse pelas necessidades dos outros, nem respeito pela dignidade e a integridade. Não consegue ver adiante de si mesma, julga todas as pessoas ou coisas do ponto de vista da própria utilidade. É basicamente incapaz de amar.
>
> A pessoa egoísta não ama demais a si mesma, até ama pouco. Na realidade, odeia. Essa falta de afeto e de cuidado para consigo mesma, que é apenas expressão de sua falta de produtividade, consome-a em um estado de vacuidade e de frustração.
>
> É necessariamente infeliz, e está ansiosamente interessada em arrebatar da vida as satisfações cuja obtenção ela mesma obstaculiza. Parece preocupar-se por si mesma, mas na realidade apenas faz um intento vão de ocultar ou compensar sua falta de cuidado para consigo mesma. É certo que as pessoas egoístas são incapazes de amar os outros; mas também não são capazes de amar a si mesmas.

* * *

Existem outras maneiras, mais dissimuladas, de egoísmo. Alguns, por exemplo, podem projetar seu *ego* fixando-o na pátria. Identificam-se tão simbioticamente com ela que a glória de qualquer compatriota, tenista ou boxeador, é considerada como própria. Seu entusiasmo (amor) pelas glórias nacionais não passa de um amor simbiótico a si mesmos, transferido.

Uma pessoa também pode vincular-se "incestuosamente" com uma instituição, raça, sobrenome, país, partido político, clube. Considera "sua" qualquer grandeza dessas agrupações. Parece que ama essas instituições de forma fanática; na verdade ama a si mesma, ligando a sua imagem aos grupos.

Seria ridículo se alguém dissesse: "Sou formidável". Mas pode-se dizer a mesma coisa, camuflada, fazendo uma referência altamente elogiosa à própria raça, ao time ou campeão nacional com que nos sentimos fanaticamente identificados.

Para muitos, a única maneira de se sentirem "realizados" é *lixando* a própria personalidade (encolhida) em qualquer grupo, transformando-o em ídolo e obsequiando-lhe uma fervorosa adesão. Quem ama? Ama quem?

Gostar é amar?

Se uma pessoa é encantadora, não é preciso que ninguém diga: "amem essa pessoa". Todo mundo irá amá-la instintivamente. Suas qualidades são como um ímã que cativa e arrasta as forças de adesão das pessoas que a cercam. Amar o amável não tem nada de extraordinário. Extraordinário seria não o amar.

Que grau de amor verdadeiro existe no amor dos amigos? Qual a proporção, no amor que chamam de sexual ou erótico, entre o amor propriamente dito e a busca de si mesmo sob o signo do interesse ou do prazer? O amor oblativo é justamente o que movimenta energias "amadoras" onde não existem polos de atração.

Tenho a impressão de que muita gente confunde "gostar" com "amar". Acham que amam tudo aquilo de que gostam.

Apliquemos o que foi dito à nossa pessoa.

Se você tem uma esplêndida figura física, certamente a amará. Mas será amor? É provável que haja uma simbiose entre você e a sua figura. No fundo, pode dizer: "eu sou a minha figura".

Se tiver uma memória brilhante ou uma simpatia irradiante, é claro que as amará. Amar o quê? Sua qualidade ou sua pessoa? Normalmente não existe amor nem ódio, rejeição nem acolhimento de minha pessoa, mas das *partes* de minha pessoa.

Você não vai ter problemas para aceitar ou amar o que há de *agradável* em sua pessoa. Seus problemas vão começar quando você topar com os aspectos de sua pessoa que não lhe agradam. Aí é que começam as rejeições.

* * *

Estou de acordo com a afirmação psicanalítica, segundo a qual toda atitude e conduta precisam de um motivo de prazer como impulso. Se sou contrariado ou melancólico de nascença, por que vou me perdoar ou me aceitar? Humanamente, será difícil evitar a tristeza agressiva contra mim mesmo, como uma reação.

Qual poderia ser, nesse caso, o *motivo* ou "estímulo de prazer" para eu tomar a atitude interior de *assumir em paz* uma realidade tão desagradável, que faz parte de minha pessoa? Há duas reações possíveis: uma atitude *fatalista* ou *estoica*, como a daquele que diz: "Esta é uma realidade dura e fria; não há outra saída a não ser suicidar-me ou suportar tudo friamente. Que adianta chorar?". A outra atitude é uma *visão de fé*: "Para Deus, nada é impossível. Tudo depende de sua vontade. Ele quer e permite. Em suas mãos eu me entrego em paz, e entrego tudo que não posso mudar".

As coisas em mim que não me agradam

O que vamos dizer aqui é uma ampliação, sob outros pontos de vista, do que dissemos no capítulo anterior.

Se você descobre em sua constituição pessoal tendências ou aspectos que não lhe agradam, não se irrite. Seria o mesmo que castigar a si mesmo. Não fique com vergonha dos ramos menos belos de sua personalidade. Já sabe que se envergonhar é resistir, e resistir é declarar-se inimigo de si mesmo.

Todo complexado é uma sombra triste, em guerra consigo mesmo. Nessa guerra, é vítima e carrasco ao mesmo tempo. Se seus complexos se referem a aspectos pessoais que não pode mudar; sua resistência, além de nociva, será absurda. Chega de guerras! Reconcilie-se consigo mesmo para que amanheça o dia do perdão e da paz. Viva como uma flor feliz no jardim do Pai.

Se não estiver em guerra consigo mesmo, é provável que esteja em guerra com *partes* de sua pessoa. As repulsas começam na periferia. Há alguns que têm uma aversão ridícula por determinadas partes da própria anatomia. Têm vergonha do nariz, da boca ou do cabelo. Desejariam ter menos quilos, mais centímetros. Não estão satisfeitos com a própria cor, sonham com outras proporções anatômicas. Resultado: são inimigos do próprio corpo. Ame esse corpo como é. Assuma essa morfologia e deposite-a integralmente nas mãos do Pai, dizendo: "Aceito esse corpo porque aceito vossa vontade, meu Pai. Aceito vossa vontade porque amo este corpo, como expressão e presente de vosso amor".

* * *

Não se deixe dominar pela tristeza nas *doenças* que muitas vezes cobrem de incerteza o horizonte da vida, porque parece que elas estão esperando sua vez, pois desaparece uma e surge outra, num circuito sem fim.

Aceite em paz o mistério doloroso da vida, uma *parábola biológica*, que consiste em que tudo nasce, cresce e morre, em um movimento elíptico, perpetuamente repetido. Suas forças vão declinar, vai chegar o ocaso da velhice, você vai se sentir inútil para tudo. Todas as coordenadas da decadência vão envolvê-lo até que, no fim, vai se consumir por completo a esfera de sua existência. Aceite em paz essa parábola vital e fatal. Ame a vida, como as plantas amam o sol.

* * *

Se as suas fronteiras intelectuais fossem outras, sua vida, neste momento, seria outra, a começar por seu "status" profissional. Não sei por que, o homem sempre deseja triunfar, sentir-se importante, pôr-se à frente dos outros e liderar. Mas você passou pelo mundo como uma sombra insignificante, desde a escola até agora.

Quem tem culpa disso? Culpa? Ninguém. Mas você sabe que isso é devido a suas pobres alturas intelectuais. Tenha cuidado, porque, secretamente, pode germinar sob seus pés a chama rubra do rancor. Contra quem? Contra você mesmo. Se não tem uma capacidade intelectual notável, pode ter uma grande capacidade *cordial*. Se não pode iluminar o mundo, pode animar muitos corações, e fazer felizes tantas pessoas... Apesar de tudo, você é um prodígio das mãos do Pai.

* * *

Você diz que gostaria de ter um caráter encantador, de saber reagir com calma, de ser equilibrado e constante, de viver alegre, de sentir-se otimista, de sentir a existência como um presente magnífico...

Mas você diz que se sente como alguém que arrasta uma corrente. As melancolias lhe caem por cima e você não consegue livrar-se delas. Tem depressões maníacas e sua alma parece um inferno. Há ocasiões em que nada o alegra, e você não sabe por quê. Tudo lhe dá tristeza e não sabe por quê... Nasceu assim e vai morrer assim.

Não se entristeça por causa disso. Tome com carinho em suas mãos a sua estrutura pessoal e a deposite, como uma oferta oblativa de amor, nos braços do Pai, dizendo: "Aceito e amo esta minha pessoa, porque ela é expressão de vossa vontade, e eu amo vossa vontade, porque vós sois meu Pai".

Assumir a própria história

Às vezes nos parecemos com aquele louco que batia com a cabeça na parede. Quem sofre: a parede ou a cabeça? Vamos supor que tenha havido um acontecimento doloroso em sua vida, faz anos. Se você passar o dia e a noite lembrando-se disso com amargura, você se parecerá mesmo com o louco da parede.

O tempo é irreversível. O que aconteceu no tempo fica para trás irremediavelmente. Não vamos voltar, nem por cinco minutos. Ninguém mais poderá apagar o que aconteceu no minuto que passou. Não podemos alterar um milímetro dos acontecimentos da vida, por mais que resistamos, recordando-os com ira obstinada. Então, onde está a loucura? Quem sofre? Quem está batendo sua cabeça contra os muros sólidos? Recordar com rancor as coisas ingratas da vida é como segurar brasas com as mãos. A gente se queima porque quer. Não se castigue. Aceite em paz os fatos consumados. Que diríamos de uma pessoa que fosse à praia, pusesse o ombro num recife e fizesse força para removê-lo? Aceite em paz a vontade do Pai que permitiu esses fatos.

* * *

Sim, tudo depende do Pai. Se ele não tivesse querido, isso não teria acontecido nunca, porque para ele nada é impossível.

Nós protestamos contra o Pai porque somos ignorantes; e somos ignorantes porque somos superficiais. Somos superficiais porque analisamos os fatos sem sair da superfície da história.

O que sabemos do que está por trás da muralha do tempo? O que sabemos do que vai acontecer dentro de cinco minutos? Nós não temos *perspectiva* para analisar e para julgar. Nós analisamos tudo com o nariz grudado no vidro do instante. É por isso que somos superficiais.

O que sabemos dos *desígnios messiânicos* que o Pai pode colocar sobre nossos ombros? Que sabemos sobre o mistério pelo qual uns sofrem no lugar dos outros, uns morrem no lugar dos outros? Não houve alguém que sofreu e morreu no lugar dos outros? Que direito temos nós para questionar o Pai, para protestar contra certos acontecimentos da vida?

Se nós tivéssemos estado na pele de Jesus, na noite do Getsêmani, teríamos feito uma análise superficial sobre os acontecimentos sangrentos que o esperavam, isto é, teríamos feito uma análise psicossocial e política. "Pai, como é que o Senhor foi pôr como Pontífice, bem neste tempo messiânico, um sujeito ressentido como esse Caifás? Não sabia que os ressentidos têm necessidade de destruir? E esse governador, tímido e covarde? E esse rei frívolo... Meu Pai, como é que permitiu essa confabulação religiosa, política e militar?...". Foi assim que Jesus falou? O Mestre não considerou os fatos na superfície, mas na profundidade, e viu que era a vontade do Pai que estava decidindo tudo.

* * *

Chegou a hora de calar-se, ficar em silêncio, arquivar e assumir em paz tudo que o Pai permitiu: feridas, memórias ingratas, lembranças dolorosas.

Chegou a hora da reconciliação universal: com a própria história, com os personagens que passam por suas páginas, com o céu e com a terra.

Olhe para o passado com complacência. Contemple-o sem hostilidade. O que aconteceu na primavera de sua infância, nos anos tempestuosos da juventude, os primeiros desenganos tão dolorosos, aquele fracasso, aquela decisão injusta e arbitrária que tomaram a seu respeito, aquela crise, o fato que preferia não lembrar nunca mais, as pessoas que influíram negativamente, aquele engano... tudo está consumado!

Aceite tudo, agradecido. Assuma sua história, nas mãos emocionadas, para depositá-la nos braços do Pai querido, como uma oferta de amor.

Paz em sua alma. Tudo foi tão bonito... Valeu a pena.

CAPÍTULO V

RELAÇÕES INTERPESSOAIS

Quem conhece o avesso das coisas?
Quantas vezes não está a aurora
atrás da montanha!

J. R. Jimenes

O amor é paciente, é benigno.
Não é invejoso, não se ostenta, não se incha.
Não pensa mal, não se irrita,
não é descortês, não é interesseiro.
Não se alegra com a injustiça,
mas se compraz com a verdade.
Desculpa tudo, acredita em tudo,
espera tudo, tolera tudo.
O amor nunca vai acabar.

1Cor 13,4-8

Entramos no capítulo decisivo para a construção da fraternidade.

A redenção dos impulsos, a libertação das energias e o amor oblativo devem concretizar-se nas relações interpessoais. Elas são os fios que tecem a túnica inconsútil da fraternidade.

Como o leitor vai observar, fazemos aqui um trabalho de explicitação, dividindo os campos e diferenciando as diversas perspectivas das relações interpessoais, encaixando todas em oito divisões. Fizemos isso para facilitar a compreensão da matéria.

Mas nós sabemos que, na prática, não é assim que acontece. Na vida, em vez de estarem isolados, os diversos campos se invadem frequentemente, influenciam-se, entrecruzam-se e se condicionam mutuamente.

Por exemplo, *compreender* e *aceitar* têm terrenos comuns, mas também zonas peculiares. *Adaptar* invade todos os territórios. *Acolher* possui um âmbito exclusivo. *Respeitar* e *compreender* pisam nos pés um do outro. *Perdoar* e *assumir* são complementares. Como *aceitar* e *acolher*. *Respeitar sem assumir* pode ser covardia ou irresponsabilidade. Todas essas relações culminam no *assumir*.

1. AMAR É RESPEITAR

Os irmãos devem reverenciar-se
e honrar-se sem murmuração.

São Francisco de Assis

Nas relações interpessoais de uma comunidade, a atitude primeira e elementar é o respeito.

Respeitar se parece muito, e até tem fronteiras comuns, com *aceitar*. Mas vamos estudar em separado as duas atitudes, apesar do perigo de reiteração.

Como quem venera o que é sagrado

O respeito fraterno tem raízes muito profundas, explicadas em diversas páginas deste livro. Trata-se do mistério original do homem – a realidade mais sagrada do mundo, depois de Deus – mistério pelo qual todo indivíduo não é senão pessoa. E toda pessoa é um *eu* diferenciado, inefável e incomunicável; um universo e uma experiência que jamais se repetirão.

Os demais não são como "o outro", mas como um "você", com uma equipe formidável de códigos genéticos, estrutura endócrina, composição bioquímica, alterações históricas... Todo esse conjunto de constituição e experiências é presidido por uma consciência. Estamos diante de uma *pessoa*.

Portanto, o outro é um mundo sagrado e, como sagrado, não merece apenas respeito, mas também reverência.

Disso tudo, deduzimos que a falta de respeito é também falta de sabedoria. Um sábio é quem tem uma visão objetiva da realidade. A primeira coisa que um sábio sabe é que nós não "sabemos" nada do outro, porque o *você* (como também o *eu*) é um universo essencialmente inédito, inefável e incomunicável. Diante do desconhecido, a atitude elementar é, pelo menos, a do silêncio.

E o que é respeitar? O respeito implica duas atitudes, uma interior e outra exterior. Pressupõe, em primeiro lugar, que se venere o mistério do irmão como quem venera alguma coisa sagrada. Em segundo lugar, implica não se intrometer na vida do outro. Em forma negativa: não pensar mal, não falar mal. Em forma positiva: reverência interior e cortesia.

Intromissão

Vulgarmente, a falta de respeito tem o nome de *murmuração*, mas cientificamente é uma *violência compensadora*.

Quem murmura realiza os seguintes atos: entra na vida do outro, em seu recinto mais sagrado, que é o da intencionalidade; estabelece aí um tribunal, julga, condena e publica a sentença condenatória.

Vulgarmente usa-se uma palavra muito boa para indicar essa falta de respeito: intrometer-se, meter-se. "Não se meta comigo". É isso mesmo: intrometer-se ou não no mundo do outro, não invadir e pisar no terreno sagrado do outro.

* * *

A murmuração envenena rapidamente as melhores intenções de qualquer comunidade. É como uma epidemia. Palavras provocam palavras. Violência gera violência. Se falar mal de você, a reação instintiva é falar mal deles. Palavras e comentários são como balas que batem e ricocheteiam entre as quatro "paredes" da comunidade.

Dessa maneira acaba criando-se um clima difícil, em que ninguém confia em ninguém. Ninguém fala com sinceridade. Sente-se insegurança por toda parte e o que se respira é a suspeita.

Como consequência dessa atmosfera, cada membro da comunidade refugia-se no próprio interior, como em uma ilha solitária. Tal comunidade – seja um lar ou uma fraternidade – transforma-se num recinto perigoso e frio. Surge a necessidade de evasão e se tende a procurar refúgio emocional e "espaço vital" longe da casa fraterna. E, assim, a falta de respeito desencadeia um processo generalizado de todos os males comunitários e pessoais.

Em geral, a crítica e a murmuração são violência compensadora, reação típica dos "pequenos" e dos não realizados. As pessoas plenamente realizadas não precisam intrometer-se com ninguém. Mas os espiritualmente inválidos e os estéreis "precisam" destruir, nos outros, o que eles mesmos não foram capazes de construir em si ou por si.

Reverenciar

O respeito vem de dentro. É preciso começar redimindo as raízes. Numa comunidade cristã, as emoções hostis, provenientes de diversas causas, só podem ser resolvidas por uma aproximação emocional com Jesus Cristo. Palavras destrutivas são filhas de sentimentos destrutivos. São estes que precisam ser silenciados, numa homenagem oblativa a Jesus. As soluções profundas dos males comunitários nascem aos pés de Jesus Cristo.

Como é que se pode reverenciar uma pessoa quando, numa análise de valores, ela aparece como um "pequeno"? Respeitar também é amor oblativo, a maior parte das vezes. Por isso repito: só respeitaremos o mistério do irmão se nos colocarmos na esfera da fé, e fizermos uma transferência "vendo" o Irmão Jesus neste irmão que está ao meu lado. Assim nasce a veneração.

Mas não é só isso. Desde o tempo de formação dos jovens, a comunidade pode e deve despertar em seus membros uma atitude de respeito e reverência – mesmo prescindindo do olhar da fé – diante do mistério de cada pessoa.

Calar é amar

O modo ideal de respeitar é o silêncio.

Silêncio interior, em primeiro lugar. Como diz São Paulo, é no coração que nascem as rixas e discórdias. A murmuração, antes de ser esse feio desafino, começa como um noturno desabrido no interior. É no coração que cada um de nós tem que cortar e silenciar a murmuração, fazendo disso um sacrifício oblativo a Jesus. Não pensar mal. Respeitar o outro, "calando" na intimidade.

Silêncio exterior, em segundo lugar. Muitas vezes não podemos justificar certas atitudes irregulares de algumas pessoas, porque são defeitos evidentes. Mas sempre podemos respeitar o irmão ausente, simplesmente calando-nos. O silêncio é uma atitude tão nobre e elegante...

Quando fico sabendo do "pecado" de meu irmão, minha melhor homenagem a ele e minha primeira maneira concreta de amá-lo consistirá em fechar a sete chaves o "segredo", e o levar para a sepultura, sem que tenha saído de minha boca nenhuma informação, direta ou indireta.

Acho que, quando nos apresentarmos na porta da eternidade, o melhor bilhete de entrada vai ser um ramalhete de segredos, silenciosamente guardados. Lá só entram os que amaram; e os que calaram, amaram.

É claro que não basta calar. Algumas vezes, teremos de informar. Principalmente, temos de "levantar" o próximo "pecador". Também nisso consiste o amor. Mas o primeiro dever é cobrir com o manto do silêncio os ombros do irmão "pecador". Aí estão a misericórdia e a sabedoria.

Muitas vezes não se resolve nada polemizando, defendendo com palavras ardorosas o prestígio ameaçado do próximo, porque os outros intensificam o ataque. Pelo contrário, calando podemos estar defendendo o outro, com finura e dignidade.

* * *

Francisco de Assis imaginava os irmãos como cavaleiros andantes do Rei Eterno, e instava-os a que, em seu relacionamento mútuo, usassem maneiras de alta cortesia.

Em nome da confiança, pode-se quebrantar a cortesia. Em algumas casas, não é raro encontrar pessoas que, em nome da confiança, tratam-se mutuamente com expressões e maneiras vulgares.

Aí está um desafio para a comunidade: como combinar confiança com cortesia?

O culto do silêncio

Em toda comunidade cristã dever-se-ia fomentar o culto do silêncio, não no sentido de um silêncio trapista, mas no de saber conservar em silêncio as confidências e informações fraternas.

Um dos sintomas mais seguros da maturidade humana é a capacidade de guardar silêncio sobre as confidências ou sobre as pequenas irregularidades observadas.

Uma pessoa pouco madura recebe uma confidência ou observa alguma coisa errada e, em vez de ser senhora de si mesma, guardando a notícia, desmonta-se ao peso psicológico da informação, deixando-se trair pelos nervos. E as notícias se esparramam.

É por isso que, muitas vezes, os comandados não têm confiança nas autoridades. Já tiveram vários aborrecimentos e acabam dizendo de quem os coordena: "Tem boa vontade, mas também *tem a língua solta*. Não se pode confiar nele".

Nas comunidades humanas, às vezes, há pessoas a ponto de explodir. Não comunicam os próprios problemas a ninguém, porque quase todos – dizem – contam tudo direta ou indiretamente, mais cedo ou mais tarde. Já conheci pessoas à beira da psicose, de tanto aguentar os próprios problemas em total incomunicação. Bastaria ter ao lado alguém com capacidade de silêncio, para expor a situação e livrar-se da angústia.

Cultive o silêncio com a mesma devoção com que um crente cultiva a amizade com Deus. Chegou a seus ouvidos uma notícia explosiva. Que vontade de contar! Guarde-a no cofre do silêncio. O que acaba de suceder com fulano é algo entre o divertido e o ridículo. Se contasse aos companheiros, teríamos meia hora de divertidos comentários. Guarde silêncio. Alguém fez isso? Convém que a autoridade o saiba. Comece cobrindo o "pecador" com o manto do silêncio. Depois vamos ver...

Feliz a comunidade que tem uma pessoa tão íntegra e madura que, qualquer que seja a confidencia depositada em seu coração, guarda-a como em cofre selado até a sepultura e até depois... Essa casa está salva da angústia e da psicose.

A própria essência da fraternidade é ser *transparência*. Viver em fraternidade significa derrubar lentamente as muralhas que separam os irmãos para fazer com que todos sejam *patentes* e *presentes*. Para isso é preciso criar um clima de confiança, e para criar esse clima, é preciso começar cultivando um grande respeito mútuo.

2. AMAR É ADAPTAR-SE

Adaptar-se é relacionar-se com os outros sem dominar e sem ser dominado. É um processo complexo, mais fácil de descrever do que de definir.

O avanço do amor pressupõe que não se esteja preso a si mesmo. É, portanto, a capacidade de sair do próprio círculo e de se abrir ao mundo do próximo. Numa palavra, é um processo de integração e de ajustamento ao meio humano em que se vive.

* * *

Nosso mal é que o ser humano tende a adaptar todas as coisas a si mesmo, através da racionalização, em vez de se adaptar ao todo. Se não fizermos uma severa autocrítica, ou se não permitirmos que nos critiquem construtivamente, é quase certo que vamos chegar ao abismo da morte carregando todos os defeitos congênitos de nossa personalidade, aumentados e crescidos ao correr de nossos dias.

Se as circunstâncias ambientais não nos pressionam, nós não mudamos nem com o noviciado nem com retiros ou cursos. Adaptamos até Deus à nossa medida e aos nossos desejos, usando sutis racionalizações.

É esse o nosso azar: dispomos de uma excelente equipe de mecanismos de defesa para recriar todas as coisas de acordo com a nossa medida.

Acho que há duas instituições que são verdadeiras escolas de transformação: o casamento e a fraternidade. Porque são instituições que, por sua própria estrutura humana, obrigam os membros a entrar em inter-relação de profundidade. Relacionando-se, os membros têm que enfrentar e confrontar os traços da própria personalidade, obrigando-se a superar as diferenças, sem invadir e sem se deixar devassar.

Em toda personalidade há diversos campos de força e níveis de reação. A personalidade de alguém pode ter 80%

de "normalidade", se posso dizer isso, e uns 20% de imaturidade ou compulsividade.

No conjunto, é um indivíduo tratável, e até agradável. Mas, de repente, sai com "uma das suas". Então, quando entra em relação com os outros, certamente acontecem conflitos. Entretanto, passado o "ataque", a pessoa volta à normalidade, torna a ser excelente. O relacionamento com os outros pôs à mostra, em sua personalidade, certas reações típicas que são verdadeiras arestas para os outros. É preciso limá-las.

Adaptar-se significa deixar-se questionar pelos outros e, quando os ângulos de nossa personalidade ficarem descobertos à luz da revisão, da correção fraterna, ou simplesmente da convivência diária, devemos iniciar um lento processo para polir esses ângulos e controlar as compulsões.

É difícil encontrar pessoas que sejam "normais" em todos os campos. Chegamos mais uma vez ao mistério do ser humano. Toda pessoa tem traços individuais, em graus diferentes, em combinações e proporções diferentes. Essa variedade de traços, como ramos da árvore de sua personalidade podem ter diversas manifestações: dominação, perseverança, sociabilidade, tacanhice, escrúpulo, irritabilidade, esmero, agressividade...

Nem sempre os traços aparecem no comportamento ordinário. Às vezes são mais visíveis, às vezes, não. Não se sabe por que, em tal circunstância, percebe-se tal ponto; outro, numa outra circunstância. Certas características estão obstinadamente presentes em nossa personalidade, mas dependem, quanto ao grau de manifestação, dos estímulos e de outras circunstâncias.

Estamos na hora da adaptação. A adaptação é certamente o problema mais álgido entre as relações interpessoais. Adaptar-se quer dizer evitar colisões. Se nossos ramos se entrechocam, com perigo de incêndio, quantos centímetros você terá que cortar, quantos eu terei que cortar, para que haja conjunção e não colisão? Serei exclusivamente eu o culpado das colisões? Se estivermos a cinquenta metros de distância, quantos metros tenho que andar eu, quantos metros tem que andar você, para que haja encontro?

* * *

Trata-se de suavizar os traços da personalidade que se demonstram incômodos por serem angulosos no relacionamento com os outros. Traço de personalidade é aquela maneira peculiar de reagir diante dos estímulos exteriores.

Somos nós mesmos que temos de perceber quais são os nossos traços que criam problemas. Como a dor indica a doença, quando o irmão fica aborrecido ou irritado por determinada reação de minha parte, é sinal de que o traço em questão está "doente".

Entretanto, se uma reação típica de minha parte incomoda uma pessoa e não outras, quem é que está "doente"? Quem é que tem que se adaptar? Não poucas vezes a mesma pessoa é encantadora para dois membros da comunidade e insuportável para outros dois. Onde está a falha? Quem tem que adaptar-se?

Outro problema. Até onde a gente tem que se adaptar? Até onde tenho que ser *eu mesmo*? Até onde uma atitude personalista é afirmação de individualidade e até onde é teimosia? Até que ponto estamos racionalizando, quando dizemos: "É preciso ser autêntico!", e, em nome da autenticidade, estamos atropelando meio mundo?

É a comunidade, são os membros da comunidade que vão indicar, mais por suas reações do que por suas palavras, até onde preciso limar as arestas vivas e dolorosas de minha personalidade.

Evasão na comunidade grande

A evasão é contrária à adaptação.

Numa comunidade grande pode acontecer – e acontece com frequência – a seguinte situação: suponhamos que nela vivam vinte pessoas. Três convivem na mais admirável união, são grandes amigas. As três pediram e obtiveram autorização para sair e formar uma pequena comunidade. E então as três amigas, que nunca tinham tido conflitos na comunidade grande, começam a tê-los antes de três semanas na comunidade pequena. Que aconteceu?

Não tinham tido conflitos na situação anterior, porque não se haviam inter-relacionado em profundidade, e os lados angulosos de suas personalidades não tinham aparecido. Como no caso de alguns noivos: antes de se casarem é tudo mel; depois, vira fel. Quando aparecem os lados desconhecidos e conflituosos, chega a hora da verdade do amor.

De fato, em geral, a comunidade grande não dá oportunidade para se estabelecerem *verdadeiramente* relações interpessoais. Nela, as relações são superficiais. Por quê?

Porque acontece o que chamo de "jogo de bola". Trato de me relacionar com alguém que se ajuste a meu modo de ser. Mais que irmãos, somos amigos. Se aparecer algum conflito, a gente pode ir saltando como uma bola, de um para outro, até encontrar outro indivíduo que se ajusta ao meu tipo. E o jogo continua.

Não digo que isso aconteça sempre. Mas, contra as aparências, nas comunidades grandes pode não existir relacionamento em profundidade. Por isso é possível viver nelas sem adaptação, sem transformação, sem amor.

Evasão na comunidade pequena

Por si, as pequenas comunidades oferecem melhores oportunidades para o relacionamento. Mas sucedem com frequência outros casos de evasão. Às vezes, pelo simples fato de que uma atividade pastoral desmedida pode dispersar de tal forma o "pequeno rebanho", que os irmãos pouco se veem, quase nunca conversam e a relação interpessoal propriamente dita desaparece. Não há tensões, é claro.

Também pode haver evasões mais sutis. Imaginemos uma situação: são quatro pessoas. Cada uma criou seu próprio "mundo individual". Entre elas não há um compromisso social, nem tácito, como se tivessem feito o seguinte acerto: não se meta no meu mundo e eu não me meterei no seu. Respeitá-lo-ei tanto quanto você me respeitar. Não se preocupe porque saí, quando voltei, com quem andei, quem me chama ao telefone. Minha atitude para com você vai ser como a sua para comigo.

Esses religiosos têm casa para comer, para dormir e para assistir a alguns programas de televisão. Se a economia doméstica falhar, acorrerão à economia provincial. Cada um se arranjou para viver como se as outras pessoas não existissem, como num hotel. Nessa casa há paz, mas uma paz que provém do "isolamento esplêndido" em que vive cada um. É claro que não é isso que acontece sempre. Mas existe o perigo de acontecer com frequência.

Estamos vendo que não existe adaptação sem dor, sem alguma tensão. A não existência de tensões não significa necessariamente presença de amor. E a presença de tensões pode significar um esforço magnífico para "dar vida". Toda adaptação é morrer um pouco.

Os inadaptados

A neurose é a incapacidade de adaptar-se. E como amar é adaptar-se e adaptar-se é amar, neurose significa fundamentalmente incapacidade de amar. Ou, em outras palavras: neurótico é quem não é capaz de equilibrar-se harmoniosamente na sociedade em que vive. Consequentemente, vive sempre em conflito. É conflitante. E eminentemente racionalizador: põe a culpa em todo mundo, porque não é capaz de perceber a própria "culpabilidade". Como nasce essa doença?

É uma pessoa que vive exclusivamente em si e para si. Quando se relaciona com o mundo exterior, começa julgando tudo de maneira desfocada e falsa. Em vez de captar o mundo exterior *em si mesmo*, começa projetando o próprio mundo interior sobre o exterior, identificando-os. De maneira que, em vez de contemplar o mundo que o cerca em suas dimensões objetivas, percebe-o através do prisma de seu próprio mundo subjetivo, o qual, para ele, é o único que existe. Por isso, é incapaz de distinguir entre o que está dentro e o que está fora dele mesmo. Não consegue soltar-se do próprio mundo.

* * *

O homem está formidavelmente equipado para adaptar-se, em nível fisiológico e também em nível psicológico. Quando se relaciona de verdade com seus semelhantes, ainda que essa relação seja momentaneamente conflituosa, aprende a reagir de modo semiautomático, desenvolvendo hábitos de ação que podem ser interpretados como reflexos condicionados. Isso em situações normais.

Mas há ocasiões em que, nos caminhos dos mecanismos de adaptação, instalam-se forças paralisantes, que bloqueiam o funcionamento.

Todos nós somos um pouco, ou temporariamente neuróticos. Isso é fácil de entender. Adaptar-se significa ser maduro. Maturidade significa realização: as potências chegaram à altura correspondente. Acabado não é o mesmo que realizado. O ser humano nunca está acabado, mas sempre aberto. Realizado significa que, dadas as potencialidades congênitas, uma pessoa está conseguindo resultados satisfatórios, ao menos em termos subjetivos.

Pois bem, nesse crescimento, sempre ondulante, qualquer um de nós pode apresentar provisoriamente sintomas neuróticos, concretamente nos momentos de crise que, por definição, são transitórios.

Mas uma pessoa normal consegue normalmente adequar-se às exigências das circunstâncias e equilibrar a própria conduta de acordo com o tempo e o lugar, usando os meios apropriados, de acordo com as normas de sua consciência e os pontos de vista dos outros.

Adaptado (maduro) é o que consegue ser ele mesmo no meio de individualidades muito diferenciadas, sem por isso entrar em choques quando os outros também procuram ser *eles mesmos*. A pessoa madura é aquela que se ajusta a seu meio ambiente, com suas qualidades e seus defeitos.

O adaptado é uma pessoa eminentemente objetiva, capaz de olhar os fatos e as pessoas em si mesmos, desligando-os das próprias projeções emocionais. Por isso, procede harmoniosamente, reconhecendo os próprios limites e as potencialidades dos outros. É capaz de renunciar a um valor – o matrimônio, por exemplo – e nem por isso se torna um inválido ou desequilibrado. Pelo contrário, é capaz de canalizar as forças renunciadas para uma produtividade maior.

Numa palavra, adaptar-se é um lento e progressivo crescimento para uma coerência integradora entre o sentir, o pensar, o falar e o agir.

O inadaptado (neurótico) é compulsivo: exigente, histérico, ressentido e sempre descontente. Criticar tudo e queixar-se de tudo são sintomas de neurose, como o ficar irado por pequenos contratempos.

Em geral, quando as pessoas se queixam de ser tratadas como crianças, é porque são "crianças". Sentir-se pressionado o tempo todo e viver em amargura permanente são sinais de neurose.

O desadaptado tem sempre um jeito infantil. O imaturo quer que tudo e todos se adaptem a suas exigências egoístas. Como não o consegue, suas reações são compulsivas, como as das crianças. Quando uma criança vê um objeto e quer pegá-lo, mas a mãe não permite, reage agitadamente, chora, grita, esperneia: tudo tem que se adaptar a suas exigências. Por isso mesmo, infantil, imaturo, desadaptado, neurótico são palavras diferentes que encerram um mesmo fenômeno: a incapacidade de amar.

A criança é essencialmente inadaptada, porque é essencialmente narcisista. É o único ser "normal" da humanidade que se sente realizado só ao ser amado. Toda pessoa normal precisa, para sentir-se realizada, ser amada e amar. Quanto mais ama, sem se preocupar em ser amada, maior a maturidade. Quanto mais se preocupa com ser amada, sem amar, maior o infantilismo.

Por isso, há por aí "crianças" de 40, 50 anos, que fizeram de suas vidas uma busca insaciável de carinho: todos têm de me querer bem, me apreciar, me elogiar... Essas pessoas cresceram biologicamente, mas pararam no crescimento psicológico, nas primeiras etapas da vida. O índice mais alto de maturidade humana é a capacidade de amar sem ser amado, cuja expressão máxima está na *Oração simples* de São Francisco.

Páscoa fraterna

Morrer é condição para viver, diz o Evangelho: "quem se apega a sua vida, perde-a" (Jo 12,25). Tanto para a sabedoria evangélica como para as ciências humanas, quem ama a si mesmo e só a si mesmo, permanece na morte, isto é, no infantilismo, isolamento, infecundidade e infelicidade. Foi o que aconteceu com Narciso que, de tanto se olhar e se admirar no reflexo da água do jardim, descuidou-se, caiu e se afogou. Símbolo trágico: quem sempre busca a si mesmo está destinado ao descontentamento e ao vazio.

Por outro lado, "quem não faz conta de sua vida, há de ganhá-la" (Jo 12,25). Quem for capaz de dar a vida, de renunciar ao próprio círculo de valores e de interesses para se adaptar, já entrou no reino da maturidade. Se quisermos que um grão de trigo se converta em uma bela planta, ele terá que cumprir primeiro a condição de morrer no silêncio do seio da terra.

A ressurreição não é sequência, mas consequência da morte de Jesus. A única fonte por onde pode manar a ressurreição é a morte. Dada a morte, *ipso facto* dá-se a ressurreição (Fl 2,5-12).

João deduz o último elo desse encadeamento, mostrando o caráter pascal da fraternidade: nós sabemos que passamos da morte para a vida, porque amamos nossos irmãos (1Jo 3,14). Somos livres, maduros e felizes porque renunciamos a nós mesmos para nos adaptar.

3. AMAR É PERDOAR

Perdoar é libertar-se.

As raízes

O perdão é o maior dos dons, como a própria palavra o diz. Certamente, é o mais difícil de se realizar. Na raiz de todos os conflitos fraternos está o problema do perdão. A malevolência, digamos, é a muralha absoluta que bloqueia a comunicação com o próximo.

O sentimento normal, como tendência fundamental da vida, é a benevolência para com o outro. Entretanto, não é sempre que funciona no ser humano a tendência de *ser-para-o-outro* porque também existe a inclinação de *ser-contra-o-outro*. Mas este último não é normal.

A agressividade cordial nasce quase sempre nas pregas da concorrência e da rivalidade, quando alguém quer conseguir alguma coisa e os outros o combatem. A resistência do outro é o obstáculo para o cumprimento de meus desejos egoístas, e minha agressão é o meio para anular essa resistência. Como se vê, o egoísmo é a "mãe" da malevolência.

Quando um indivíduo é um ególatra propriamente dito, tende a considerar qualquer outro como rival, e com facilidade o transforma em alvo de sua agressão. Basta analisar as rivalidades existentes entre uma pessoa e outra, entre um grupo e outro, para descobrirmos sempre nas hostilidades de hoje antigas batalhas para salvaguardar o prestígio pessoal e garantir os próprios interesses.

Diferentes formas

O *rancor* é a tendência para prejudicar e para se divertir com isso.

Chamamos de *ódio* a inclinação para exterminar o outro. É um "protesto", feito *de todo o coração*, pelo fato de o outro existir. O traço específico do ódio é o desejo de que o outro não aproveite da própria existência. É o que há de mais oposto ao amor fraterno, e São João se refere a isso em suas cartas. A gente até sente repugnância de pronunciar a palavra "ódio". Mas a emoção do ódio pode estar encoberta, mais frequentemente do que se pensa, nas dobras de outros sentimentos.

Quando o desejo de possuir e a necessidade de estima são lesados, nasce a necessidade da *vingança*, assim como nasce a gratidão por um bem que recebemos. Se o desejo de poder ou estima for lesado em suas exigências, buscamos compensação causando um dano igual ao que obstruiu a aspiração: "Olho por olho. Você me tira um olho, eu lhe tiro um olho". Na vingança, há um *ajuste de contas*.

O *ressentimento* é diferente da vingança, pelos motivos e pela forma. Essa emoção agressiva nasce do fato de saber que o outro conseguiu o que a gente não pôde obter. O motivo do ressentimento é que eu não tenho o que ele tem. Ele tem mais êxito, prosperidade e estima do que eu. O impulso vital de onde nasce esse sentimento é querer ter tudo para mim e querer ser mais do que os outros.

Na *inveja* existe todo o conteúdo do ressentimento e, além disso, ainda encerra a inclinação para vingar-se dos que foram mais afortunados, mesmo que não me tenham feito nenhum mal. Procura a satisfação rebaixando os valores dos outros e, nessa operação desvalorizadora, pode assumir um ar de objetividade, racionalizando, com novos princípios, outros códigos de valores, outros critérios para poder dizer: "Afinal, você não é mais do que eu". Na emoção da inveja está sempre escondida uma dose de frustração. Não há ressentimento sem inveja, embora haja inveja sem ressentimento.

Nos *ciúmes* recrudesce o desejo de ter tudo para si, quando se vê que o outro é objeto de grande estima por parte dos demais, estima que a gente gostaria de monopolizar.

Antipatia é uma tendência emocional em que o outro é um polo em que não encontro ressonância. Essa emoção nasce, às vezes, do fundo vital. Mas outras vezes é o resultado de uma transferência inconsciente que nos faz evocar uma personagem esquecida com quem tivemos conflitos no passado.

Essas diferentes emoções agressivas têm uma combinação diferente em cada pessoa. No problema do perdão, podem aparecer todas elas – ou alguma delas – em graus ou especificações diferentes. Outras vezes, pode tratar-se de um sentimento geral contra o próximo.

Como perdoar?

Perdoar é *extinguir esses sentimentos*, como quem apaga uma chama.

Nessas emoções de malevolência existe uma vinculação emocional entre mim e o outro. Esses sentimentos adversos são cargas de resistência, lançadas mentalmente contra o próximo. Se forem permanentes, as cargas formam uma cadeia que subjuga destrutivamente os indivíduos.

Perdoar é quebrar esses vínculos e soltar-se.

Odiar – se me permitem a expressão – é loucura: é como se armazenássemos um veneno que nos fosse destruindo lentamente por dentro. Quem sofre? O que odeia ou o que é o odiado?

Quantas pessoas passam dias e noites lançando, mentalmente, agressivas cargas emocionais contra alguém, sem que esse alguém nem sequer fique sabendo. Enquanto você se consome, sombrio e exasperado, o outro está feliz da vida, completamente desligado de você. A imensa maioria das vezes, os efeitos de nossas emoções destrutivas não chegam ao interessado, enquanto nós vamos sendo lentamente pressionados e aprisionados por nossas próprias sombras tenebrosas.

Masoquismo? Autodestruição? Não. Insensatez. Odiar é loucura.

O ressentimento destrói o ressentido.

Vale a pena perdoar. Para que sofrer inutilmente? Você não terá paz enquanto não se decidir. No dia em que perdoar, sentirá um alívio tão grande que vai dizer: valeu a pena.

* * *

Continuamos perguntando: como perdoar?

Em primeiro lugar, o problema fundamental consiste em separar a atenção da lembrança da pessoa. Eu lhe diria imperativamente três palavras: deixe-a, esqueça-a, desligue-se. É um ato de controle mental.

Quando se lembrar dessa pessoa, não lhe dê importância, pense em outra coisa, voe mentalmente para outros lados.

Esse caminho é indireto, mas muito eficaz. Irá ajudá-lo, ao mesmo tempo, a conseguir um progressivo domínio mental.

Existe o perdão que chamamos *intencional* ou de vontade. A gente quer perdoar, gostaria de arrancar do coração toda hostilidade e lembrar-se da pessoa, se não com simpatia, pelo menos com indiferença. Esse perdão é suficiente para poder ir aos sacramentos.

O perdão *emocional* não depende da vontade. A hostilidade tem suas raízes mergulhadas no instinto. Nós não temos domínio direto sobre o mundo emocional. Quando vem o estímulo, vem a emoção.

* * *

Então, a malevolência é uma carga emocional negativa. Ora, uma carga emocional negativa só pode ser desfeita dentro de uma carga emocional positiva e, por isso, passo a indicar a *segunda maneira* de perdoar.

Entendo concretamente por carga emocional positiva a intimidade com Jesus.

Pela experiência da vida, sabemos quanto custa perdoar. Sabemos também que, para isso, mais do que para qualquer outra atitude fraterna, precisamos de Jesus. Por gosto, ninguém perdoa. Nem por ideias ou convicções, e nem mesmo por ideais. Por uma pessoa, sim.

Como se faz isso? Concentre-se. Evoque, pela fé, a presença do Senhor. Quando tiver chegado a um "encontro" de intimidade com ele, diga-lhe: "Jesus, entra até as raízes mais profundas do meu ser, assume meu coração com suas hostilidades e troca-o com o teu, perdoa dentro de mim, quero sentir por esse irmão o que tu sentes por ele, quero perdoá-lo como tu perdoaste a Pedro... agora mesmo, Jesus".

Você vai sentir como Jesus acalma a agitação hostil e deixa no interior tanta paz que você vai poder levantar-se tranquilamente para ir conversar com toda a naturalidade com o "inimigo". Jesus faz esses prodígios ainda hoje.

É comum acontecer o seguinte: você conseguiu perdoar, até emocionalmente. Foi pura gratuidade do Pai; o rancor se apagou de uma vez como uma fogueira reduzida a cinzas. De repente, das cinzas mortiças, levanta-se outra vez a rubra chama. Não se sabe por que, esta manhã retornou tudo: é tão desagradável sentir outra vez o rancor. É como uma febre que queima e faz mal. Eu estava tão livre, tão feliz...

Não se impaciente. Nós somos assim. Não temos domínio direto sobre esse mar louco de emoções. Toda ferida profunda precisa de muitos curativos para cicatrizar de uma vez. Torne a repetir os atos de perdão. Regresse à sua intimidade em busca do Jesus vivo. Permita que Jesus, que é misericórdia e paz, chegue a você e o cure de suas feridas e emoções.

Compreender

Esta é a *terceira maneira de perdoar*: compreendendo.

Muitas vezes penso que, se soubéssemos compreender, não precisaríamos perdoar. Bastaria compreender, e a sede de vingança se acalmaria.

Compreender significa abarcar ou cercar completamente alguma coisa. Compreender uma pessoa significa medi-la, cercá-la completamente, analisá-la *em si mesma*, o mais objetivamente possível.

Acontece que, muitas vezes, vamos ao outro através do prisma de nossos preconceitos emocionais: antipatias, rivalidades antigas, histórias desagradáveis... Dessa maneira, nossa visão do irmão fica turva e manchada. Essa visão distorcida provoca em nós um estado emocional adverso ao irmão. No fundo da incompreensão está presente, portanto, a falta de realismo e de sabedoria.

* * *

Como seria fácil perdoar, não só intencional, mas também emocionalmente, se nos lembrássemos das seguintes reflexões: a não ser em casos excepcionais, ninguém tem vontade de *fazer mal* ao outro, ninguém age com intenção malévola. Numa palavra: em princípio, ninguém é mau. Se alguém me prejudicou ou ofendeu, quem sabe o que lhe contaram? Quem sabe se não fez tudo sob o peso de seus fracassos, ou a partir da tristeza de sentir-se menosprezado, ou inferiorizado? É digno de compreensão e não de aversão!

Quantas vezes o que parece orgulho não passa de timidez; o que parece obstinação é necessidade de afirmação; o que parece uma atitude agressiva é uma reação defensiva ou busca de falsa segurança. Todo o seu comportamento parecia tão insincero e maneiroso e, no fim, era só um *modo de ser*. Como ele gostaria de ser de outra maneira. Se soubéssemos compreender...

Se determinado tipo é "difícil" para mim, mais difícil é para ele mesmo. Se eu sofro com esse seu modo de ser, ele sofre mais ainda. Se há alguém no mundo que deseja não ser assim, não sou eu, é ele mesmo. E se ele, desejando vivamente não ser assim, não consegue agir de outra maneira, seria tão culpado como estou achando? Será tão digno de censura pública como eu penso e desejo?

Quem está enganado não é ele, sou eu. Não merece repulsa, mas compreensão e, talvez, compaixão. Há uma coisa preciosa que alcançamos todos os dias de nosso Pai: a misericórdia. Em último caso, oferecer misericórdia não será o melhor modo de perdoar emocionalmente? Se soubéssemos compreender, quanta paz e sabedoria haveria em nossa alma.

* * *

Há pessoas que nasceram *rancorosas*. Em geral, o tempo apaga tudo. Muitos, depois de uma explosão temperamental, acalmam-se e passam a se comportar como se nada tivesse acontecido. Mas os rancorosos não conseguem esquecer: depois de muitos anos ainda se lembram, tão vivamente como no momento em que as coisas aconteceram. Desejariam apagar a lembrança dolorosa, porque são eles que sofrem, mas não conseguem. É algo que não depende de sua vontade.

É uma infelicidade muito grande ser assim. Mas esse modo de ser é congênito e pertence ao fundo vital da pessoa, ou, como dizem, ao fundo endomítico.

A pessoa rancorosa deve começar entendendo a própria natureza psíquica. Sem escolher nem desejar, nasceu com uma estrutura obsessiva que a faz sofrer muito. De que se trata? De uma fixação emocional. A lembrança de uma pessoa ou de uma história dolorosa se fixa tão obsessivamente em sua mente, que não consegue desligar, mesmo depois de muitos anos. O específico do rancoroso é que, sempre que recorda da pessoa ou do fato ocorrido no passado é com uma descarga emocional agressiva. Para ele, perdoar significa lembrar-se sem descarga emocional e com indiferença. Mais do que de um problema moral, trata-se de uma constituição psíquica e eu acho que, nesse caso, não existe culpabilidade moral.

Que fazer? Os exercícios de controle mental, que estão no Capítulo 3, realizados com paciência e perseverança, podem ajudar eficientemente a superar esse problema. Se o rancoroso conseguisse adquirir a capacidade de suspender qualquer atividade mental, seria capaz de se desligar de qualquer lembrança ingrata, também por vontade própria. Além disso, o estado de excitação aumenta o grau de agressividade interior. Qualquer exercício que o ajude a se apaziguar, ajudará a solucionar o problema.

4. AMAR É ACEITAR

Aceitar é mais do que respeitar e menos do que acolher. Muitas vezes se entende aceitar no sentido de acolher, como quando dizemos: "ele me aceita".

Aceitar é admitir em paz que o irmão seja como é.

Aceitar e compreender têm fronteiras comuns e na hora da vivência não se sabe onde acaba um e começa o outro.

O outro é, quase sempre, um desconhecido. E, por ser desconhecido, é um incompreendido. E por ser incompreendido, não é aceito e surgem conflitos com ele.

O mistério do irmão

O *outro* não escolheu a existência. No momento radical, na raiz de sua existência, o outro não teve liberdade porque não optou por esta vida. Foi lançado na existência, sem tê-la desejado nem escolhido. E *está aí*.

Não escolheu os próprios pais. Quem sabe se com outros progenitores – outros códigos genéticos e outras combinações de cromossomos – teria sido uma pessoa fascinante?

Ele não gosta da maior parte da própria constituição. Diz que sua memória é como uma faculdade envelhecida e enferma. Acha que sua inteligência é uma vela de luz débil. Para maior dos males, tem um desejo de poder, ânsia de notoriedade e necessidade de estima tão grandes que, por contraste, armam, em seu interior, um permanente estado conflituoso.

As mil e uma reações de seu complexíssimo temperamento e de seu estranho caráter – que me irritam – nem ele pode suportar, e tem que aguentar. Gostaria de ser constante, mas é volúvel. Gostaria de ser tranquilo, mas é compulsivo. Gostaria de ser alegre, mas é melancólico. Gostaria de ser puro, mas é sensual. Gostaria de ser equilibrado, mas é neurótico. Não escolheu nada. Recebeu tudo sem culpa e sem mérito, e é muito pouco o que pode mudar.

Em resumo, o mistério profundo do irmão é este: sem que ele mesmo o desejasse, fizeram-no participar desta corrida. Não vai sair quando quiser, mas quando o tirarem dela. Até mais: não só é obrigado participar de uma corrida não desejada, mas tem de participar com um cavalo que não lhe agrada. E, se o cavalo é lerdo, não pode protestar, porque seria como castigar a si mesmo. E se chegar por último devido à incompetência do cavalo, vai ter que se envergonhar de si mesmo, que é o pior castigo.

É claro que não podemos cair num determinismo fatalista. Existem a Graça e a liberdade. Mas até a Graça está condicionada pela natureza. Nem a Graça pode fazer milagres de transformação, quando a natureza está radicalmente deteriorada.

* * *

Diante desse mistério do irmão, levantam-se as grandes perguntas: onde está a culpabilidade? Por que rejeitar o irmão como se fosse um monstro, quando na realidade é vítima das circunstâncias que concorreram para isso? Qual o sentido de irritar-se contra um modo de ser que não foi ele quem escolheu? Para que erguer o muro da ira, se ele merece ser envolvido no manto da compreensão?

A grande conclusão é esta: aceitar o irmão como ele é.

Se eu, por mais que deseje, não consigo aumentar um centímetro a minha estatura, quanto menos vou poder ajuntar um centímetro à estatura do irmão, irando-me contra ele.

Se eu tenho de me aceitar como sou, e não como gostaria de ser, é preciso concluir que tenho de aceitar o outro, não como eu gostaria que ele fosse, mas como é na realidade.

* * *

O que é difícil – e necessário – é aceitar o outro como *diferente*. Numa comunidade há sempre muitas maneiras de ser individuais. Uns são tímidos, outros audazes; uns são calados, outros expressivos. Por que o tímido teria de mudar, porque o outro é arrojado; ou por que o audaz teria de se conter, porque o outro está sempre quieto em um canto?

Uns têm grande capacidade de trabalho; outros são muito limitados. Não vão querer se medir uns aos outros pela própria medida. Por que o eufórico teria que se queixar do preocupado? Quem for controlado, aceite a impulsividade do impulsivo. Quem for alegre, aceite o melancólico. O modesto aceite o vaidoso. O introvertido não se queixe do extrovertido.

A comunidade é, quase sempre, como um mosaico multicor, de tanta variedade e modalidades, como se tivesse sido feita assim para elevar um hino de admiração ao Criador.

Também há *variedade de vocações*. Uns são urgidos por um apostolado ativo, outros têm forte tendência a fomentar a intimidade com o Senhor. É necessário aceitar-se em sua vocação singular. Existem também critérios diferentes. Uns acham que a atividade tem que cuidar primeiro de resolver a fome do estômago. Outros acham que devemos, acima de tudo, saciar a fome do coração.

Numa comunidade, há *diversidade de idades*, e essa diversidade, não raro, costuma ser motivo de divergências. Os membros jovens têm de aceitar os mais velhos como são, com sua riqueza e com sua pobreza. E os membros mais experientes têm de olhar com simpatia o entusiasmo juvenil dos que estão no início da vida. Aceitar-se mutuamente num intercâmbio recíproco de bens e limitações.

Aceitar, portanto, é sair de si mesmo, colocar-se no lugar do outro, "dentro" dele, para analisá-lo "a partir" dele mesmo, e não a partir da minha perspectiva.

Aceitar o irmão significa também considerá-lo como um *presente de Deus*, feito expressamente para mim. Significa alegrar-se pela sua existência, reconhecê-la como positiva e celebrá-la.

Aceitar, finalmente, significa abrir-me para o outro em forma de serviço, atenção, estima e estímulo.

5. AMAR É COMUNICAR-SE

Comunicar-se e dialogar são dois verbos que têm fronteiras comuns. Um e outro, não obstante, possuem contornos peculiares e mutuamente complementares. Por isso, vamos estudá-los em separado.

Não dissemos "comunicar", porque essa forma verbal indicaria entregar alguma coisa: comunicar um temor, uma convicção, um critério. Mas *comunicar-se* encerra um sentido mais profundo e pessoal: entregar algo que é substancialmente meu, alguma coisa que faz parte do meu ser.

Nascido para comunicar-se

Deus sonhou e plasmou o ser humano como ele é: numa abertura que dá e que recebe. E cada pessoa é um projeto integrado em um conjunto de projetos, entre os quais, cada um, sem perder a própria individualidade, deveria partilhar a riqueza dos outros e, por sua vez, enriquecer a todos.

O ser humano não foi chamado a ficar aí como se fosse um ser acabado e fechado, mas para se superar, transcender as próprias medidas, em comunhão com todos os outros.

Como dissemos, a pessoa não é um ser "para si" nem "na direção de si mesmo". A pessoa é, por natureza, tensão e movimento para o outro, centro subjetivo que vive sua própria individualidade.

Se uma pessoa acende a luz verde e abre a pista para essa tensão em direção ao outro, nasce a relação viva *eu--você*, cria-se um *nós* e surge a comunidade.

Na medida em que o ser humano se abre e se dá, ele é livre, e nessa mesma medida amadurece e ama. O destino do ser humano, a medida de sua maturidade é a entrega de sua riqueza interior e, ao mesmo tempo, a participação da riqueza dos outros.

Comunicação não significa, portanto, conversação nem intercâmbio de frases, perguntas e respostas. Também não significa, exatamente, diálogo. Antes, significa relação e revelação interpessoal. Na comunicação, há um amplo jogo em que se cruzam reciprocamente e se intercomunicam as individualidades. Há intercomunicação de consciências, e por isso o outro vive em mim e comigo, e eu vivo nele e com ele.

Medo de se abrir

É comum termos medo de entrar em comunicação com os outros. Queremos e não queremos. Estamos convencidos de que é preciso fazê-lo, mas não nos agrada porque vislumbramos riscos. Entramos em uma saborosa comunicação com os que têm afinidades conosco. Mas, na fraternidade, os gostos estão fora de circulação. É o amor oblativo que nos coloca acima dos gostos.

Estamos dispostos a acolher o outro, contanto que se mantenha a certa distância. É doloroso entregar a própria intimidade. Custa rasgar o véu de nosso próprio mistério, porque nos sentimos "proprietários" de nós mesmos.

Temos medo porque, se nos abrimos, é como se perdêssemos o que temos de mais sagrado – e secreto – em nossa pessoa. Jesus chama seus discípulos de *amigos* precisamente porque rasgou, diante deles, o véu de sua intimidade, e lhes comunicou os "segredos" que tinha recebido do Pai.

* * *

Esse temor leva-nos à atitude de entreabrir calculadamente as portas interiores para os outros, mais para os observar do que para ser observados.

Se nos lançarmos no campo aberto da comunicação, com as portas abertas de par em par, sentiremos que nossos pontos de vista (que em geral contêm e sustentam nossas posições vitais) correm perigo.

Em outras oportunidades, tememos que os outros possam descobrir em nós zonas inexploradas, e temos medo do desconhecido.

Numa palavra, a comunicação é uma aventura, e exige coragem. Só com muito amor a gente consegue se abrir. Mas o fato de abrir-se para os outros fortalece a personalidade e aumenta a capacidade de amar.

A arte de se abrir

Dissemos que é preciso ter coragem e amor para se comunicar. Mas ainda há mais: abrir-se também é uma arte, e como toda arte, a comunicação exige aprendizado. E o aprendizado tem de ser feito principalmente nos dias da formação. Diria que formar-se significa primeiramente – para um religioso – preparar-se para a vida fraterna. A tarefa primordial do *mestre* é ajudar o jovem a "sair" de si mesmo, a *abrir-se para os outros*.

O mestre vai encontrar seguramente caracteres reservados, de nascença. Embora o caráter tipicamente reservado não sirva para a vida fraterna, em muitos casos a graça e a ajuda do mestre podem libertar progressivamente o jovem da timidez, de complexos ou obsessões, encaminhando-o lentamente para a maturidade profunda e libertadora.

Em que consiste essa ajuda? Parece-me que aqui, mais do que nunca, o mestre tem que ser um *treinador*. Ele mesmo vai ter de se abrir para o jovem, criando um clima de cordialidade, de pessoa para pessoa. Teoricamente, o formador teria e ser, antes de tudo, um *mestre de comunicação*. Através do relacionamento e do diálogo pessoal, como faz um treinador de natação com o aprendiz, o formador precisa, através da própria abertura, fazer o jovem dar os primeiros passos na difícil arte da comunicação.

Deverá exercitá-lo também em certos mecanismos, como os trabalhos em equipe, a revisão de vida, a dinâmica de grupos, os diálogos... fazendo-o descobrir e superar as dificuldades interiores para a abertura.

As dificuldades do tímido

Tímido é aquele que tem dificuldade para entrar em relação interpessoal com os outros.

Vulgarmente, confunde-se o tímido com o submisso. Mas um não tem nada a ver com o outro. Muito pelo contrário, é frequente e até normal encontrar tímidos que agem com segurança e firmeza. Muitos deles são empreendedores, dinâmicos e executivos. Encontramos frequentemente personalidades que possuem essas características: a timidez e a audácia.

Seu problema específico começa quando entram em comunicação com os outros. Sofrem toda vez que têm de se relacionar com alguém. Conseguem fazê-lo porque são tenazes, mas não sem uma dificuldade especial e certa insegurança. Têm medo do encontro pessoal.

Em geral, a timidez é inata: provém dos códigos genéticos e está arraigada na constituição geral da pessoa.

Ao contrário, outras deficiências parecidas com a timidez, como os complexos, a inibição e a insegurança, provêm normalmente de situações conflituosas ou vazios afetivos, que ocorreram na aurora da vida. Estes não têm necessariamente problemas de comunicação, mas de outro tipo.

* * *

O tímido pode parecer uma pessoa pouco fraterna, fria e, inclusive, pouco sincera. Até mais, sendo humilde, poderia dar impressão de orgulhoso a um observador superficial, porque, por instinto de fuga, tende a evitar o encontro com os outros. Não causa boa impressão à primeira vista. Poderia causar admiração, mas não estima. O tímido não é autoritário, mas executivo.

O complexado é diferente. É autoritário e perigosamente autoritário. Aferra-se à autoridade e nela se escuda, tratando de compensar a insegurança interior com "gestos" seguros e decisões categóricas. O complexado é um "governante" desastroso. É desconfiado, e qualquer resistência à sua opinião é considerada como uma atitude contra sua pessoa. Mas ele não se defende com a própria pessoa e sim manipulando a sagrada autoridade. Faz-se forte na autoridade porque sente que não vale "grande coisa".

Sabemos que, na vida, não há nada quimicamente puro. Esses diferentes modos de ser ou de agir normalmente estão misturados.

* * *

É possível se livrar da timidez? Provavelmente é possível melhorar, mas não se curar, porque, assim como os complexos são "enfermidades", a timidez é um modo de ser.

O tímido precisará ter paciência consigo mesmo, e assumir em paz a própria maneira de ser. Precisará esforçar-se para superar o instinto de fuga e para comunicar-se. Mas, mesmo com esse esforço, custará muito para adquirir naturalidade. Os irmãos que com ele convivem deverão compreendê-lo e aceitá-lo como tal, e ajudá-lo a superar a dificuldade inata para a comunicação.

6. AMAR É ACOLHER

Podemos indicar, através de diversas expressões, o significado do verbo *acolher*: eu abro um espaço dentro de mim, para que o outro o ocupe; acolher é permitir que o outro entre no meu recinto interior; é recolher o outro em meu interior, recebendo-o com carinho.

A confiança

Na hora de viver o amor fraterno, acolher é o pico mais alto e mais difícil.

Muitas vezes penso que todo o mistério do amor se resume no jogo entre esses dois polos: abertura e acolhida. A acolhida pressupõe a abertura. Pressupõe também perdão, respeito e aceitação. É necessário abrir primeiro as portas da intimidade, franquear a passagem ao irmão, para que entre no recinto secreto de minha interioridade.

A *comunhão* é um movimento oscilante de dar e receber, abrindo as portas interiores de uns para os outros. Seu efeito imediato é a *confiança*, fenômeno coletivo difícil de se descrever, impossível de se definir, e facílimo de se sentir. O fruto final é satisfação, sinal inequívoco da presença de uma verdadeira fraternidade.

Toda pessoa é interioridade, ou melhor, interiorização. Quando duas interioridades se abrem mutuamente e se projetam nasce a intimidade: das duas presenças formou-se uma *presença*. Quando várias interioridades se abrem mutuamente e se projetam nasce a fraternidade.

O que é *fraternidade*? Podemos falar sobre a fraternidade, mas não defini-la. É um clima de confiança que, como uma atmosfera, envolve todos os irmãos de uma comunidade. Nós a geramos, é fruto de nossa abertura-acolhida, é nossa "filha". Mas é uma filha que, sem sabermos como, transformou-se em nossa "mãe", como já dissemos, no sentido de que nos penetra e nos envolve num hálito de calor para dar-nos à luz, e para nos levar à plenitude personalizadora e comunitária.

Bloqueios

Para acolher, é preciso colocar-se em estado de *escuta* diante das outras pessoas, cuja personalidade nos irá sendo revelada na medida em que estivermos atentos.

Essa atitude de atenção ou abertura pressupõe, anteriormente e ao mesmo tempo, um despojamento completo. De quê? De tantos preconceitos e falsas imagens que se levantam como muralhas, diante de nossas portas, para bloquear as saídas e entradas.

Velhas histórias, antipatias instintivas e cegas reações sentimentais contribuíram muitas vezes para que formássemos uma imagem deformada do outro, que, não raras vezes, até parece uma caricatura.

Essa imagem distorcida desencadeia, em nosso interior, uma série de mecanismos de obstrução que impedem qualquer acolhimento. Logo de início obstrui completamente as vias de comunicação com aquela pessoa.

Fraternidade é o agrupamento humano que, sob a Palavra, se compromete a caminhar para uma transparência mútua. Quando os caminhos estiverem livres e as caricaturas tiverem caído, os irmãos serão acolhidos pelos irmãos na verdade transparente de sua personalidade.

7. AMAR É DIALOGAR

Sua verdade? Não. A Verdade. Venha procurá-la comigo. A sua, guarde-a para você.

Antônio Machado

Basta abrir os olhos e observar os comportamentos comunitários de um grupo, e logo chegaremos à conclusão de que grande parte dos desentendimentos deriva da falta de diálogo.

Às vezes, o diálogo parece um instrumento mágico: opera prodígios. É como um sacramental. Quantas vezes, em situações conflituosas, que se arrastam há longos anos e parecem não ter solução, uma hora de diálogo basta para acabar com as suspeitas, esclarecer os mal-entendidos e criar um novo clima de confiança. O diálogo é uma solução quase infalível para todas as tensões que podem surgir no seio de uma comunidade.

Nós sabemos como nascem os desentendimentos. Alguém faz um comentário sobre o próximo. Um terceiro ouve, carrega as tintas, e as transmite ao interessado. O transmissor e o destinatário do comentário supuseram uma intencionalidade que, na realidade, não existiu em quem fez o comentário. Abriu-se assim um distanciamento que, às vezes, pode chegar a grandes proporções. Mas se os interessados se sentarem e tiverem um breve diálogo, poderão entender-se e sentirem-se, os dois, aliviados!...

O coordenador de uma casa recebeu uma informação confusa sobre determinado irmão. A partir daí, projetou uma carga de suposições. Passou algum tempo oprimido e dominado por suspeitas sobre o irmão. Um diálogo, difícil no começo, cordial no fim, resolveu tudo. O coordenador ficou impressionado consigo mesmo, vendo com que facilidade tinha tecido todo aquele tapete de suposições.

As pessoas que se deixam dominar facilmente por ideias fixas e manias de perseguição precisam, de maneira especial, do diálogo, para se livrar de suspeitas que alimentam com facilidade em seu interior.

No princípio não havia solidão

Na aurora do mundo, encontramos o homem plenamente *aberto*. Diante de Deus, o homem era como uma papoula diante do sol: de braços abertos, confiante e confidente. De fato, ao pôr do sol, todas as tardes, Deus passeava com o homem pelo jardim, como amigos. Deus lhe revelava seus planos e intenções, e entre os dois circulava uma corrente de grande intimidade. O ser humano nasceu dialogando.

O homem também apareceu no mundo aberto para sua companheira, para sua descendência, para todas as criaturas a que deu nome, sinal de comunicação. Numa palavra, nasceu em um diálogo fraterno e cósmico, como em um grande concerto, sem desafinos, com toda a criação. O homem não conhecia a solidão.

Incomunicado

Mas, chegou o pecado. O homem sentiu que um mundo de harmonia se desmoronava em seu interior. Algo importante acabava de acontecer: romperam-se todos os fios de comunicação, e o homem ficou incomunicado.

Pela primeira vez, sentiu-se solitário como um desterrado. Sentiu vergonha de si mesmo. De repente, sentiu-se inimigo de todos. Ninguém estava com ele, todos estavam contra ele, a começar por Deus. O desastre tinha um epicentro: o diálogo.

Naquele dia, sucedeu algo inédito. Caiu a tarde; o homem escutou os passos de seu amigo Deus que estava passeando no jardim, como de costume, na hora da brisa vespertina. Então compreendeu que Deus não era mais seu amigo nem interlocutor. Os liames, outrora tão fortes, estavam soltos. Apavorado, levado por estranho impulso, correu procurando matagais e árvores para esconder-se de sua presença. Grande mistério: as criaturas, em vez de ser um laço entre os homens e Deus, tinham sido mudadas pela interferência do pecado.

O pecado transformou o diálogo em um pleito: juízo e condenação. Deus interpela. O homem se desculpa e acusa. Deus insiste. O homem se justifica. Já não há diálogo. Quando as interioridades estão ligadas, a palavra é ponte por onde os corações vão e vêm. Quando os corações estão incomunicados, a própria palavra passa a ser a maior separação.

No concerto da criação, entrou a "inimizade" como um acorde desafinado. O pecado provocou uma tempestade de maldições, anátemas, excomunhões e castigos (Gn 3,14-24). Pior, esse pecado interpôs uma espada, envolta em chamas, nas mãos de um querubim, para impedir ao homem o acesso à fonte da Vida (Gn 3,24), símbolo terrível de todos os desterros e isolamentos.

Podemos afirmar que, desde esse instante, o pecado é o impedimento radical para o diálogo, em todos os níveis.

Depois desse desastre, como se poderá fazer a restauração? Só aliando e dialogando. A história da salvação é a grande epopeia da reconciliação. Deus congrega às doze tribos que estavam dispersas. Estabelece com elas uma Grande Aliança. O pecado tinha desagregado os seres humanos. Deus os salva, congregando-os.

> Deus nos reconciliou consigo por Cristo,
> e nos entregou o mistério
> e o ministério da reconciliação
> porque, em Cristo, reconciliou o mundo consigo...
> (2Cor 5,18-19).

Um relógio no meio

O diálogo não é um debate de ideias, em que se combate com o fogo cruzado de critérios, atrás dos quais se ocultam e se defendem atitudes e interesses pessoais.

Diálogo não é polêmica, nem controvérsia, nem confrontação dialética de concepções ou mentalidades diferentes. Também não se trata de vários monólogos entrecortados pelo jogo das luzes verdes e vermelhas, como acontece com os semáforos da rua.

* * *

Trata-se de buscar a verdade entre duas pessoas, ou em um grupo.

Imaginemos um caso. Estou diante de outra pessoa. Colocamos um relógio no meio dos dois. Nós dois vemos o mesmo relógio. Mas o relógio (parte do relógio) que você vê é diferente, e até oposto ao que eu vejo, apesar de se tratar do mesmo relógio.

Cada pessoa contempla as coisas a partir da própria perspectiva. Cada um aprende e participa das coisas e dos acontecimentos de uma maneira original e diferente.

Por isso mesmo, nossa percepção pessoal é necessariamente parcial, e nós nos enriquecemos com a percepção, também limitada, dos outros. Captamos a verdade de forma necessariamente incompleta devido à condição humana limitada, devido à relatividade e à historicidade humanas.

Assim – continuando com o exemplo do relógio – se quisermos chegar à "verdade" sobre o relógio, sua imagem será mais completa se juntarmos a minha percepção e a do que está em frente. Mas, se ajuntarmos mais duas pessoas, que olhem de cada lado do relógio, as quatro percepções apresentarão uma "verdade" do relógio muito mais completa.

Plenitude e indigência

Na vida de cada pessoa há, portanto, uma plenitude e uma indigência. Digo *plenitude* porque quando vejo ou vivo uma realidade tenho a impressão de viver ou ver essa realidade *plenamente.*

Entretanto, quando os outros veem e vivem essa mesma realidade, também eles acham que a veem e vivem plenamente. Partem de outros pontos de vista, diferentes do meu, mas com a sensação de plenitude: eles sentem que a realidade é *plenamente assim*.

Eu preciso da plenitude deles, da visão perceptiva deles. Eles precisam da minha percepção visual – da minha plenitude. Esta é a necessidade e o fundamento do diálogo.

Nós nos complementamos

Precisamos dar, e precisamos receber. Complementaridade significa isso: eu tenho alguma coisa que você não tem, e vice-versa.

Todo diálogo se processa sobre diferenças. É preciso que você seja você mesmo, e eu seja eu mesmo, cada um com a total identidade consigo mesmo. O diálogo exige, portanto, em primeiro lugar, uma grande *sinceridade*.

Pressupõe-se que, no diálogo, vai surgir a *tensão*, às vezes latente, às vezes manifesta. Isso acontece porque é duro receber a "verdade" dos outros, principalmente quando a "visão" do irmão contradiz a minha. Até pior, quando a "verdade" alheia ameaça indiretamente a atitude vital que, frequentemente, está escondida por trás de meus critérios.

Quando surgem diferenças, chegamos ao momento mais difícil. Nesse momento, existe o perigo de que o diálogo se transforme em debate com ofensiva ou defensiva, ou em um palavrório estéril.

Aparece a tensão

Em geral, surgem neste momento duas estratégias: o instinto de anular as diferenças, resistindo, procurando argumentos e lutando para que os outros pensem como eu. A outra tentação consiste em impor a própria verdade de forma avassaladora, atacando e anulando a "verdade" do outro.

Tal atitude dominadora pode passar perigosamente para outro instinto: o da "destruição" da pessoa do outro, quando nos sentimos completamente perdidos e sem saída, ou quando pressentimos que a "verdade" do outro pode ser uma ameaça para nossa posição vital.

Quando os participantes do diálogo são inexperientes ou imaturos, ou estão dominados por uma forte dose de narcisismo, o diálogo tende a ser invasão total do "eu" no "você".

Existe outra tentação: a de deixar-se levar pelo que os outros dizem. Isso acontece quando o outro tem uma personalidade dominadora e o interessado é fraco, com tendência a ser dependente. As duas posições acabam por anular o verdadeiro diálogo. Para um diálogo construtivo, é preciso começar descobrindo o que temos em comum e depois discernir com precisão o que há de diferente.

* * *

É inevitável certa tensão, em todo diálogo. Tenho de me esforçar, sem compulsão, para continuar sendo *eu mesmo*, sem me deixar absorver, mas ao mesmo tempo tenho de admitir *tornar meu* tudo que há de bom no outro. Também tenho que me abrir para os outros, para oferecer minha verdade e minha riqueza, tendo o maior cuidado para não invadir nem anular ninguém.

Como se pode ver, o diálogo e a comunicação avançam, em seu processo de amadurecimento, por um caminho eriçado de conflitos, que são o preço de uma maturidade.

É verdade que o conflito pode matar o diálogo, mas também a falta de conflito pode matá-lo. Sem certa tensão, o diálogo não é diálogo, é conversa.

Palavras com significados diferentes

Para um diálogo entre dois irmãos, entre subordinado e coordenador ou em âmbito comunitário, as dificuldades começam pela linguagem.

As palavras do vocabulário estão carregadas de valores e significados. Palavras que para mim querem dizer muita coisa, para o outro podem não querer dizer nada. Algumas expressões despertam, em determinada pessoa, emoções desagradáveis e histórias ingratas, por uma associação combinada de lembranças. Outras expressões podem despertar complexos profundos ou um conjunto de tensões não resolvidas, e até fragmentos vivos da história pessoal. Essas tensões não resolvidas mantêm paralisadas, no mais profundo de nosso ser, energias eventualmente reprimidas. Tudo isso, na hora do diálogo, pode perturbar nossa linguagem, ou melhor, nossa comunicação, com inibições, compulsões...

Numa comunidade, às vezes se formam bloqueios mentais de acordo com a visão política, a mentalidade eclesial ou critérios pastorais. Nesse caso, as mesmas palavras, pronunciadas por este ou por aquele, podem ter significados diversos. E isso dificulta a comunicação.

No coração do ser humano

Mas os obstáculos mais sérios para o diálogo estão escondidos no coração humano. Já conhecemos os frutos tempestuosos produzidos por uma raiz cativa: discórdias, iras, invejas... (Gl 5,20). O egoísmo, em suas mil formas, obstrui o diálogo em todos os níveis.

Desse egoísmo nasce a *necessidade de autoafirmação*, com tendência a excluir os demais. Isso vem a causar, por sua vez, uma adesão mórbida a nosso ponto de vista, pela identificação simbiótica existente entre a pessoa, a imagem e as ideias da pessoa.

Isso pode ter consequências desastrosas em qualquer discussão doméstica, mesmo que se trate de questões banais. Mas é pior se a necessidade de autoafirmação estiver enraizada em complexos de inferioridade.

Uma imagem inflada de nós mesmos faz com que nos constituamos em monopolizadores da verdade, e faz com que não suportemos a ninguém que não esteja de acordo com o nosso parecer. Qualquer critério contrário é interpretado como atitude pessoal contrária.

Condições para o diálogo

Sempre que se busca a verdade ou se quer superar um conflito interpessoal por meio do diálogo, a primeira e elementar atitude é a *humildade*.

Não há disparate neste mundo que não tenha alguma coisa de verdade. E não há mente humana que seja capaz de apreender a verdade completa.

Precisamos de humildade para esquecer velhas histórias, desavenças passadas, o que aconteceu em nosso diálogo anterior. Precisamos da atitude generosa de *perdoar*. São as situações emocionais que bloqueiam a comunicação entre os irmãos. As distâncias dos corações se cristalizam em distâncias das mentes. Nesses casos, as pessoas se inibem e se refugiam nas regiões mais longínquas de si mesmas.

Precisamos de humildade para começar de novo, depois do fracasso do diálogo anterior. Precisamos de humildade para distinguir minha pessoa da verdade, para buscar a verdade e não a mim mesmo ou meus interesses exclusivos, aproveitando a oportunidade do diálogo.

Precisamos de humildade para reconhecer erros ou alguns aspectos da verdade em que estávamos enganados, e para nos deixarmos enriquecer pela verdade do outro. Precisamos de humildade para não assumir um ar triunfal quando se chega à conclusão de que a gente tinha razão.

Enfim, precisamos de humildade para baixar a voz, e até para nos calarmos, quando a discussão entrar na região de conflito, ou quando percebermos que o "adversário" se sentiu humilhado com o resultado do diálogo.

* * *

Para dialogar bem, também precisamos de *boa vontade*.

Isso quer dizer, primeiramente, que é preciso ter fé no outro. Temos de pensar que também o outro procede com reta intenção, levado por uma sincera busca da verdade.

É preciso lembrar que, em todo conflito fraterno, cada um se faz de vítima e todos dizem que têm razão. Normalmente a culpa está dos dois lados. E somos nós que temos que começar a perguntar qual a nossa própria parte de culpa.

Boa vontade significa *respeitar* o outro, principalmente nas reuniões de grupo. Qualquer comentário, sorriso ou gesto de despeito pode não só perturbar quem está falando, mas até inibe ou paralisa alguns irmãos para os encontros futuros.

É preciso *aceitar* o outro como é, sem preconceitos, sem apriorismos. Devo pensar que ele tem tanto direito quanto eu de *ser ele mesmo*, com suas peculiaridades e deficiências. Na hora de escutá-lo, devo esquecer os preconceitos contra ele, olhá-lo com simpatia e compreender a globalidade de sua personalidade, sua história passada e sua situação presente.

Seria bom despertar em nosso interior a *reverência* para com o nosso interlocutor. Quando alguém se sente apreciado, abre facilmente as portas interiores. Numa palavra, para o diálogo ideal, teríamos que nos colocar dentro do interlocutor.

Finalmente, é preciso ter *paciência* e *perseverança*. Paciência para aceitar em paz que o caminho para o verdadeiro diálogo seja longo e difícil, porque suas leis são lentas e evolutivas. Perseverança para não desistir aos primeiros fracassos. Não se deve pretender queimar etapas, precipitando os acontecimentos e deixando-se levar pela impaciência.

Dever-se-ia criar um verdadeiro *culto ao diálogo* em todas as fraternidades: crer no diálogo, esperar no diálogo, cultivar o diálogo. O diálogo é uma arte em que não há caminhos nem planos preestabelecidos. Só dialogando se aprende a dialogar, como uma criança só aprende a andar, andando.

A comunidade deve crer e amar o diálogo porque ele solta todos os nós, dissipa todas as suspeitas, abre todas as portas, soluciona todos os conflitos, amadurece a pessoa e a comunidade, é o vínculo da unidade e da paz, é a alma e a "mãe" da fraternidade.

8. AMAR É ASSUMIR O IRMÃO "DIFÍCIL"

Assumir quer dizer receber e tratar o irmão com compreensão, carinho e estímulo.

Dizemos "difícil" para não dizer "enfermo". E falamos em enfermo para não usar palavras como histérico, frustrado, excêntrico, sádico.

Explicamos que é necessário respeitar e aceitar o próximo, tal como é. Mas essa atitude, assumida isoladamente, poderia eventualmente ser covardia ou irresponsabilidade. As atitudes interpessoais, estudadas neste capítulo, devem ser contempladas em um quadro geral e complementar. Podemos, por exemplo, começar respeitando silenciosamente, mas acabar levantando o "caído". Podemos começar *aceitando* que o outro seja assim e acabar *acolhendo-o* em nosso interior.

Nós também

Entre os membros de uma comunidade humana sempre há "doentes", em diversos graus e patologias. Até mais: todos nós somos difíceis, em alguns momentos. Basta recordar a própria história, ou olhar ao nosso redor, para comprovar que também as pessoas mais maduras passam por situações de crise. Em tais emergências, até as pessoas mais equilibradas podem ter reações compulsivas ou infantis.

Determinado indivíduo, habitualmente muito normal, anda sombrio e irritável estes dias. Por quê? Ninguém sabe. Será que *ele* sabe? Aquele outro foi transferido inesperadamente há muitos meses para outra comunidade. Ainda não se recuperou do desgosto, tem reações infantis e vive nervoso – ele, que era um poço de serenidade!

O ser humano é imprevisível porque atuam sobre ele mil agentes desconhecidos. Pessoas quase divinizadas, quando chega a hora de sair deste mundo, resistem agitadamente, enquanto pessoas meio mundanas tiveram uma reação inesperada na hora de morrer, abandonando-se em paz nas mãos do Pai. Tudo é desconcertante e, às vezes, não há lógica na conduta humana. Todos nós somos difíceis, em alguns momentos. Há ocasiões em que todos precisamos de uma acolhida carinhosa e compreensiva, e até mesmo de consolação, por parte da comunidade.

Aqui, entretanto, quando falamos de *pessoa difícil*, referimo-nos àqueles indivíduos cujo comportamento é normalmente conflituoso. O que a comunidade deve fazer com esses indivíduos? Qual o caminho a seguir, não para extirpar o mal, mas para curá-los?

Origem dos males

É corrente hoje em dia o mito, inventado e usufruído pelos profissionais, de que grande parte das "enfermidades" do espírito provém da situação anímica materna nos meses pré-natais. Reconheço que pode haver uma boa dose de objetividade nessa afirmação. Mas, partindo do que sucede na vida, tal afirmação não deixa de ser frequentemente uma esplêndida racionalização, que afunda ainda mais o enfermo em sua incapacidade de cura.

Com efeito, devido a essa afirmação generalizada e racionalizante, a pessoa difícil se aprofunda cada dia mais em sua neurose, porque culpa todo mundo, começando por seus progenitores, de todos os seus males, sem jamais reconhecer a própria parcela de culpabilidade. Por isso não dá passos positivos para colaborar em sua "cura", além do fato de a comunidade não assumir sua parte de eventual culpabilidade nem a iniciativa para a "cura".

* * *

Não vamos fazer aqui um amplo quadro clínico dos diversos sintomas de enfermidades da alma, de esquisitices e excentricidades que podem acontecer em todas as fraternidades. Os verdadeiros homens de ciência nos dirão que grande parte dessas "enfermidades" provém da constituição bioquímica, dos códigos genéticos e das diversas combinações dos cromossomos. Os chamados *traumas*, *repressões* e outras deficiências de higiene mental não influem decisivamente nas tendências, atitudes e comportamentos humanos.

Um problema neurológico, o funcionamento deficiente de qualquer glândula endócrina, principalmente da hipófise, ou uma excessiva descarga de adrenalina podem explicar muitos comportamentos irregulares melhor do que qualquer diagnóstico psicanalítico.

Mas não estamos interessados em traçar aqui um quadro patológico completo de tantos tipos de indivíduos difíceis que se podem encontrar nas comunidades, mas saber em que medida a comunidade pode contribuir para provocar ou para curar as enfermidades espirituais em seus membros.

Um caso frequente

Acho que o caso mais corrente é o seguinte: o ser humano nasceu para amar e ser amado. E só começa a se sentir *realizado*, em um crescimento personalizante, quando desenvolve suas capacidades afetivas, em contato com os outros, numa atitude de serviço e doação.

Pois bem, se uma pessoa, uma vez incorporada na comunidade, percebe que os outros membros estão "ausentes", embora vivendo lado a lado, por um instinto de reação defensiva volta-se para si mesma, em temeroso movimento de retirada. Uma vez retraído, o pobre irmão sente-se envolto pela noite fria do *isolamento*. Essa fria solidão interior é um clima propício para contrair as doenças do espírito. Quando esse indivíduo for solicitado a sair de suas solitárias interioridades para se relacionar com os outros, é claro que já estará "enfermo".

A meu modo de ver, essa radiografia explica o caso daqueles membros que, tendo entrado sãos na comunidade, depois de muitos anos acabam se tornando indivíduos agressivos, ressentidos ou infantis. Também é essa a explicação do caso daqueles indivíduos que dispõem, antes de se incorporar a uma comunidade, de um modo de ser brando e carinhoso, e anos mais tarde tornam-se duros e insensíveis. Em vez de amadurecer, encruaram.

* * *

Observando a vida, cheguei à conclusão de que as pessoas difíceis são assim porque se sentem *vazias* de afeto fraterno. Têm a sensação de que ninguém as quer. Sentem-se sós. Então, por esses misteriosos dispositivos de compensação, reagem incomodando meio mundo. Por essa violência se compensam ("vingam-se") do isolamento doloroso de que padecem. Não digo que seja sempre assim, mas frequentemente é o que acontece.

Dificilmente consideraremos, em sua exata medida, que a coisa mais triste que pode acontecer a uma pessoa neste mundo é sentir-se só, perceber que ninguém se interessa por ela. Uma grande potência mística poderia sublimar essa frustração, mas normalmente não há outros substitutivos senão as compulsões.

Como se vê, a necessária consequência de uma frustração é a violência. Não amam porque não se sentem amados. Entretanto, quando uma pessoa madura não se sente amada, em vez de procurar ser amada, pode reativar sua capacidade de amar e, nesse caso, não há frustração, mas uma marcha acelerada para a maturidade.

Em outras palavras, a frustração de não ser amado pode ser compensada com a satisfação de amar. Não me amam? Não importa, eu amo vocês. Não me compreendem? Eu os compreendo. Se aqui só há pessimismo, trarei o otimismo.

Que fazer com a pessoa difícil

O Evangelho aconselha, como primeira medida, a correção fraterna. Costumamos pensar, e pode ser verdade, que os que agem incorretamente o fazem por não perceber que estão errados. Devido a essa miopia, o Evangelho aconselha primeiro a chamar a atenção de quem está agindo mal. Não é fácil. Não seria de estranhar se a pessoa que fizesse esse *ato de amor* fosse considerada e tratada como inimigo por quem recebesse a correção.

É justamente esse um dos sintomas do neurótico: não tem consciência da própria falta, por estar ofuscado pelo resplendor de sua imagem aureolada e falseada. Mesmo que, em algum momento, reconhecesse o próprio erro na intimidade, jamais o reconheceria publicamente, porque sua imagem viria abaixo. Diante da correção fraterna, o neurótico quase sempre reage agitadamente. Que fazer, então?

O segundo passo aconselhado pelo Evangelho é levar o caso à fraternidade. Numa revisão de vida, o grupo dos irmãos faria o difícil entender a incorreção de sua atitude. É duvidoso que os resultados sejam positivos neste segundo passo. Entretanto, sou da opinião que, mesmo que a pessoa difícil reaja com uma crise depressiva ou um choro histérico, não será por isso que se deverá omitir a correção grupal, porque depois de certo tempo a pessoa poderia reconhecer a falta em sua intimidade, e corrigir-se. Poderia corrigir-se também por temor ao juízo público, já que a imagem é vital para ele.

* * *

Mas, normalmente, tanto o indivíduo como o grupo evitam passar um mau momento e descarregam a responsabilidade nos ombros da autoridade. E então vemos o superior, urgido pela responsabilidade do cargo e pela ordem da fraternidade, tendo de enfrentar o rebelde.

Muitos "superiores" escapam com frequência a essa responsabilidade com outras racionalizações: "já são adultos"; "é preciso respeitar a liberdade pessoal"; "sabem o que fazem"; "não podemos tratá-los como crianças"... Como se vê, são razões legítimas. Mas dificilmente essas razões vão acalmar sua consciência.

O melhor remédio é o amor

Francisco de Assis, um homem a quem a vida tinha dado tanta sabedoria, dirige aos responsáveis pelas fraternidades um impressionante rosário de insistências para o momento da correção fraterna. Diz que comecem enterrando o machado da ira embaixo de muitos metros de terra, que controlem os nervos e tratem os "doentes" como pétalas de rosa, lembrando que tocam feridas dolorosas. E que usem expressões impregnadas de tanta cortesia e humildade que os rebeldes se sintam como "senhores".

Parece que é pedir demais. Nem sempre os responsáveis conseguirão tamanho domínio de nervos para envolver numa atmosfera de paz a pessoa a ser corrigida.

* * *

Depois de ter vivido muito em poucos anos, o homem de Assis mudou de critério. Foi se convencendo de que as leis medicinais e vindicativas são eficazes para a hora de corrigir. As admoestações canônicas, as ameaças e castigos encerram uma excelente eficácia para manter a ordem, guardar a disciplina e erradicar os males. Mas observou também que essas mesmas leis eram estéreis para a hora de "redimir". Nunca tinha conhecido um só irmão "curado" pelas leis coercitivas. Depois de ter visto tantos casos e coisas, chegou à conclusão final de que, neste mundo, a única coisa que pode redimir os rebeldes e enfermos é o *amor*, uma vez que são "enfermos" justamente por falta de amor.

A correção separa e distancia quem corrige de quem é corrigido. Por trás da correção parece que se escutam o estalido do chicote e o som de ameaça. Já o amor, ao contrário, assume o "enfermo" com as mãos suaves da compreensão e do carinho.

Eu mesmo presenciei verdadeiros prodígios de transformação, graças à eficácia do amor. Conheci ou fiquei sabendo de caracteres verdadeiramente "impossíveis" que, no fim, se encontraram com um "superior" paciente que, simplesmente, passou a *amá-los* (sem os admoestar). E os rebeldes começaram a mudar como que por magia, até chegar a uma grande transformação. Como são numerosos esses casos!

Já nos últimos anos de sua vida, Francisco de Assis aconselha insistentemente a receita do amor, como o único remédio para a cura. O responsável de uma província havia escrito a Francisco dizendo que entre os irmãos havia alguns rebeldes e contestadores, perguntando como devia agir com eles. O homem de Assis lhe mandou uma carta: "Ama os que te fazem essas coisas". Mais adiante, na mesma carta, reitera: "dar-lhes-ás provas de amor". À pergunta concreta sobre as determinações a tomar contra os rebeldes, Francisco deu esta surpreendente resposta: "Amo-o mais que a mim". A seu sucessor no governo da fraternidade, Frei Elias, confiou, numa primeira carta, esses conselhos de amor: "Só nisto reconhecerei que és servo de Deus: se, por meio do amor, levas a Deus teu irmão extraviado, e nunca deixas de amá-lo, por mais grave que seja seu pecado".

É essa a dificuldade. Quando um indivíduo escandaliza ou perturba a ordem, a comunidade – principalmente o coordenador – reage irada e conturbadamente. É quase impossível evitá-lo. Todos sentem repulsa por tal pessoa. Mental e emocionalmente condenam o rebelde. Este, sentindo-se condenado, endurece na rebeldia. "Nunca deixes de amá-lo". Essa é a atitude necessária e difícil. Que a noite não surpreenda o coordenador ainda irado. Nesses casos, amar significa acalmar a ira e a conturbação.

* * *

Amar o que é amável é fácil e natural, mas para amar o difícil precisamos de uma coragem pouco comum, de uma natureza especial ou de um dom infuso do alto.

É justamente esse o fio da questão. Estamos em um círculo vicioso. Está "enfermo" porque não o amam. Não o amam porque não é amável. E o pior é que se trata de um círculo vicioso acelerado. Quanto menos o amam, torna-se mais difícil e intratável. Quanto mais difícil e intratável, menos o amam, e assim vão se abrindo as feridas e as distâncias.

Que quer dizer assumir? A comunidade deverá ter infinita paciência com as pessoas difíceis. Só se pode ter essa atitude como gesto oblativo por amor a Jesus, porque por gosto é impossível tratar com paz e carinho o perturbador da comunidade. Para conseguir essa paciência também será bom lembrar as considerações que fizemos acima sobre a compreensão.

Às vezes se encontram nas comunidades pessoas tão difíceis que nem se deixam amar. Quando a comunidade procura assumi-los, reagem estranhamente, resistindo e rejeitando todo amor que se lhes oferece. Em geral, isso acontece porque a atitude carinhosa da fraternidade lhes parece dizer: "Nós o tratamos assim para que você se comporte bem e se corrija". Acham que é um amor interessado, que não é amor. Como a pessoa difícil está "enferma" por falta de amor – embora não sempre –, justamente por isso tem uma sensibilidade única para tudo que é afeto, e "sente" rapidamente que em tal atitude da comunidade não há só interesse, mas também alguma "armadilha", como a isca de um anzol, para que ele seja "bonzinho". E assim o difícil se sente humilhado e reage de forma esquiva.

Entretanto, não existe outro remédio para esses casos senão o amor paciente e desinteressado.

* * *

Hoje em dia, introduziu-se, em alguns países, o costume de frequentar consultórios psiquiátricos, costume praticado principalmente por religiosas. Conheci muitas madres provinciais que, ao menor sintoma de crise de uma religiosa, aconselham-na – às vezes pressionando, às vezes obrigando – a ir consultar um psiquiatra.

Depois de conhecer e falar com milhares de religiosas, tenho grandes reservas quanto a esse hábito, tão generalizado.

Nesses tratamentos – tanto na análise como na terapia – a paciente (religiosa) é submergida em um contexto sem Deus. Prescinde-se do espírito de consagração, as enfermidades são efeito das repressões, como se não existisse a alma, como se não existisse a Graça, como se, além da "carne", tudo não passasse de ilusão. Caímos em um novo dogmatismo. É um novo mito a que tantos eclesiásticos aderiram com devoção e superficialidade, com o perigo de perder de vista os valores supremos. Muitas pessoas ficaram com a mentalidade confusa e com a fé ferida.

Quando os analistas são freudianos (o que acontece com frequência), a religiosa é levada – sem premeditação – à convicção íntima de que o valor mais importante da vida é a sexualidade. Como, em geral, não cultivou esse valor, a paciente fica com a impressão de ter perdido tempo em sua vida.

Sem nenhuma proposta, em muitos casos o confessor e o diretor espiritual foram substituídos pelo psicanalista. Dizem que são poucos os padres que se dedicam à orientação espiritual. Entre as religiosas há mulheres de admirável equilíbrio e sabedoria. Por que não se dirigir a elas como animadoras e orientadoras? Em muitos lugares, até os leigos procuram religiosas como orientadoras para os problemas de sua vida.

Muitas vezes me perguntaram por que a mulher religiosa – e não só a religiosa – acorre com tanta facilidade ao consultório psiquiátrico, às vezes por longos anos, e pagando caro. Acho que a explicação é esta: sentem-se valorizadas, sentem-se atendidas pessoalmente. É justamente aí que está o desafio para a fraternidade. Se as religiosas se sentissem amadas na fraternidade, não haveria necessidade de consultas psiquiátricas e viveriam livres e felizes.

A psicanálise pretende gerar a independência (liberdade) no paciente. O que se observa, com notável frequência, é quanta dependência gera em seus pacientes, com relação ao psicanalista.

A observação da vida me levou a concluir que a imensa maioria das chamadas "enfermidades psíquicas" poderia ser curada no seio cálido de uma fraternidade, e com uma atenção esmerada por parte da coordenadoria. São muito poucas as pessoas que precisam de uma ajuda "clínica".

Se o analista é uma pessoa de fé e leva em consideração o espírito de uma consagração (além de ser profissional competente) – só nesse caso – poderia colaborar eficazmente para superar situações de emergência.

* * *

Quanto aos exames e testes psicológicos para a admissão de candidatas, vi casos que me indignaram por sua arbitrariedade e injustiça. Vi como tais exames psicológicos são frequentemente desmentidos pela vida. Testemunhei com dor como excelentes moças foram arbitrariamente interceptadas em seu desejo de se consagrar ao Senhor. Em vez de observá-las e "estudá-las" nos anos de formação, cerceiam tranquilamente uma eventual vocação, apoiando-se em uma dessas conclusões "científicas" que, frequentemente, estão em contradição com a observação da vida e o senso comum. Não tenho dúvidas em considerar como um atentado contra o mistério da pessoa e os desígnios de Deus alguns casos que presenciei.

Exames psicológicos! Eis o novo mito a que tantos conselhos provinciais aderiram superficial e cegamente, como se fossem dogmas infalíveis.

Não sou contra os testes, mas contra sua dogmatização. Algumas vezes são necessários. Sempre são convenientes. Mas com a condição de serem encarados como o que são na realidade: uma *orientação* para a observação e o conhecimento da pessoa.

Ser carinhosos

Assumir significa também ser carinhosos uns com os outros, especialmente com os mais difíceis. Ser carinhoso quer dizer agir com um coração afetuoso, no trato com os outros. Significa ser amável e bondoso, nos sentimentos e nas atitudes, com os que nos cercam.

Não há normas para ser carinhoso. Não é a mesma coisa ser carinhoso e fazer carinhos. Ser carinhoso significa, definitivamente, que o outro, julgando por minha maneira de tratá-lo, percebe que eu estou com ele. É uma corrente sensível, cálida e profunda.

Há gestos que, inequivocamente, são portadores de carinho: um sorriso, uma pequena visita, uma pergunta sincera: "dormiu bem?", "sente-se bem, hoje?"; um pequeno serviço, viver com o "coração nas mãos", como dizia Camilo de Lellis. É tão fácil fazer uma pessoa feliz! Basta uma palavra, um gesto, um sorriso, um olhar. Que linda "profissão" essa de fazer os outros felizes, mesmo que seja por um momento. Levar um copo de alegria para o próximo, que tarefa fácil e sublime!

Que estupendo aproximar-se de um irmão deprimido e oferecer-lhe uma palavra de esperança: "não tenha medo, tudo vai passar"; "conte comigo"; "amanhã é um novo dia". Para ser carinhoso, a única exigência é sair de si para estar com os outros.

São Francisco diz aos irmãos: se uma mãe se preocupa e cuida do filho de suas entranhas, com quanto maior razão deverão amar-se os irmãos que nasceram de um mesmo espírito, cuidando uns dos outros com carinho. E acrescenta estas palavras:

> Quero que todos os irmãos
> se mostrem como filhos
> de uma mesma mãe.

Para germinar e amadurecer, tudo o que é vida precisa do calor circundante. Uma pera, um cacho de uvas ou a amora do mato nunca chegarão a amadurecer se o calor solar não penetrar em suas entranhas. Nos ninhos que as andorinhas constroem nos claustros das catedrais, os ovos fecundados jamais se transformariam em vida se a fêmea não pousasse sobre eles durante vinte e dois dias, com 38 graus de calor.

Assim também os seres humanos de uma comunidade: para conseguir a maturidade adulta e ser fecundos, precisam também viver em uma atmosfera cálida, impregnada de carinho.

* * *

Amar é *perder tempo* com o irmão. Hoje em dia todo mundo vive com a água pelo pescoço e com a língua de fora. Corremos contra o relógio, como dizem os esportistas. Há perigo de que cada um se perca no bosque de suas atividades, bastante desordenadas, em geral. Amar implica *perder tempo*.

Perder tempo quer dizer dedicar fragmentos de tempo aos outros mesmo sem um porquê, sem uma utilidade concreta. É tão fácil! Basta fazer-se vazio, buscar o outro, sentar-se ao seu lado, perguntar-lhe como vão seus compromissos, como vai de saúde...

Amar é *celebrar*. Com esta nobre expressão, não quero significar aquela elevada atitude de apreciar e proclamar a existência do irmão, mas uma outra atitude mais doméstica. Qualquer membro da comunidade tem atuações brilhantes. Não custa nada abrir um champanhe ou fazer um bolo por ocasião de algum êxito. Celebrando o êxito, estamos, de fato, enaltecendo a pessoa do irmão. Falta de pobreza? Acho que, se há alguma ocasião em que não devemos ter escrúpulos na economia doméstica é quando se trata dos valores fraternos.

Amar é *estimular*. São os pusilânimes que precisam de estímulo. Mas não só eles. Frequentemente as personalidades otimistas passam períodos de prostração e precisam ser reanimadas. É tão fácil estimular quando se vive para o outro! Basta felicitá-lo por algum êxito; comunicar-lhe uma boa notícia, dizendo-lhe, por exemplo: "outro dia fizeram elogios a você"; "estamos felizes por você"; "sua atuação obteve aprovação unânime"...

* * *

Pela vivência das relações interpessoais, a comunidade acabará transformando-se em um *lar*. Essa transformação é o ideal mais alto e o fruto maduro do amor fraterno.

Lar não quer dizer apenas viver juntos, pais e filhos, sob o teto de uma casa, mas é uma realidade humana difícil de analisar. É algo como uma atmosfera espiritual, impregnada de satisfação, intimidade, confiança e segurança, que envolve e penetra as pessoas e seu relacionamento. Esse é o fruto maduro da fraternidade.

Abertos uns para os outros, não há motivos para reservas ou reticências. Sinceros e leais, pouco a pouco os membros vão tecendo um ambiente de acolhida mútua. A confiança cresce como uma árvore enorme, para abrigar em sua sombra todos os filhos da casa.

Os doentes são tratados com preferência e predileção. Os anciãos são vistos com veneração, merecem consolação e manifestações de gratidão, porque já suportaram o peso e o calor do dia. Os irmãos que sofrem uma crise de vocação são tratados com respeito e com compreensão. Todos os que sofrem algum drama precisam de proximidade, afeto e consolação.

Dessa maneira, como em um lar, todos e cada um dos irmãos vivem as alternativas de todos e de cada um dos outros. Como é admirável e estupendo viverem os irmãos desse jeito, unidos sob um mesmo teto!

CONCLUSÃO

Suba comigo!
Você que espera e que, em sua espera,
às vezes se sente como uma tênue neblina,
ancorada no fundo escuro do tempo, não desfaleça.
Porque desde o próprio fundo do tempo,
como um punho enorme, avança, inexorável,
ao seu encontro, a esperança.

Anônimo

Dê-me a sua mão, irmão. Preciso de você, você precisa de mim. Se está sozinho e cai, temo que ninguém o levante. Se estou sozinho, e a noite me surpreende, temo ser devorado pelo medo. Dê-me a mão e suba comigo. Se você está comigo, se eu estou com você, somos como uma muralha, como aquele carvalho.

* * *

Ontem, ao levantar, uma sombra tênue velava os seus olhos. Você parecia triste. Já sei o que perturbou o seu sono. Então eu lhe digo: irmão, a noite cobrirá piedosamente a sua tristeza com o seu manto de misericórdia, e amanhã será melhor. Já posso ver que se desvanece a sombra sobre os seus olhos. Fico feliz por isso.

* * *

Que podemos fazer por nosso irmão? Você me dizia que antes ele não era assim. Sempre topamos com a muralha cega do mistério humano. Aquele homem que conhecíamos, firme como um álamo e imune a qualquer ação dos ventos, desde que deixou a coordenação provincial já não consegue mais encontrar a si mesmo, perdeu o seu eixo. Um mês atrás, eu me aproximei dele e procurei entrar em sua intimidade, mas fui tão tímido e tão pouco natural que ficamos os dois com um secreto desgosto. Há alguns dias, fiz nova tentativa. Foi difícil para ele se abrir. No princípio, não estava à vontade. Nem eu. Depois entramos na região da cordialidade. No fim declarou, emocionado e agradecido: a chave de ouro está em nossas mãos; se soubéssemos nos preocupar uns com os outros, haveria uma aurora para cada crise. Foi o que ele me disse.

* * *

Você está preocupado com o caso do coordenador da comunidade. Você sempre me diz que tem a impressão de que o encargo é demasiado para ele. Eu tenho a impressão de que nosso irmão navega nas águas revoltas de sua timidez inata, de encontro com um grande respeito pela autonomia alheia e uma completa falta de coragem. Mas há outra coisa. Outro dia você me perguntou: Que mistério é esse? Revestem de autoridade o melhor amigo entre os nossos companheiros, e não sei o que está acontecendo: fica tão distante, a confiança se evaporou, nós nos olhamos como estranhos e a gente até se coloca na defensiva, como quem espera a ação de um inimigo eventual.

Como é que vamos entender isso? Quem se afasta? Às vezes penso que se trata de uma prevenção inata contra qualquer autoridade, o que também não deixa de ser uma arma defensiva. Para explicar, outro dia alguém estava comentando que o que é divino parece exigir distanciamento e diferenciação, e que a autoridade gera inconscientemente um endeusamento embrionário. Eu não acredito nisso. Pelo contrário, acho que, neste mundo, todos os que exercem algum cargo de responsabilidade são solitários. Distância e isolamento não são agradáveis para ninguém, e ninguém opta por esse caminho. Se há alguém culpado por todo esse fenômeno, somos nós mesmos. Todas as manhãs, quando raia a aurora, deveríamos aproximar-nos do coordenador e dizer: "Venha comigo!".

* * *

Você me diz que, às vezes, não me compreende e que, algumas vezes, até lhe pareço enigmático. Por que será? Você também me dizia que, muitas vezes, apesar de dormir bem, amanhece cansado. Outras vezes, dorme mal e acorda alegre. Não há geometria no ser humano, nem em sua morfologia, nem em sua psicologia. A vida não é feita de linhas retas, em nenhuma de suas formas. Às vezes eu lhe pareço estranho? E será que eu mesmo me compreendo? Eu mesmo às vezes me acho estranho. O biologista Alexis Carrel é que deu uma esplêndida definição do ser humano, quando disse: "O homem, esse desconhecido".

Quando a gente mergulha um pouco no próprio abismo, tem a impressão de estar diante de um universo sem contornos, repleto de mistério e complexidade. Os impulsos vêm lá das profundezas, e você não sabe em que latitudes nascem e para onde o estão levando. O enigma do ser humano às vezes dá medo. Sou sincero com você e minhas portas estão o mais abertas possível. Mas, apesar disso, certos níveis da intimidade, mesmo os mais conscientes, não os abrimos a ninguém deste mundo. Se não, nós iríamos perder os segmentos mais sagrados de nosso mistério. As zonas mais íntimas de nossa experiência histórica vão conosco para o cemitério. Vai ver que é por isso que você percebeu alguma vibração enigmática na minha personalidade.

* * *

"É uma criança!", você sempre repete. A fraternidade é como uma criança delicada e sensível às oscilações da saúde.

Lembra-se do que aconteceu no ano passado? Um repente agitado de um indivíduo bastou para deixar a segurança doméstica à beira de um abismo. A paz fugiu como uma pomba assustada. Houve três ou quatro semanas cobertas de nuvens. A missa da fraternidade, certa noite, com aquela intercomunicação sincera na hora da homilia, realizou um prodígio que não cabe nas medidas psicológicas. Depois da missa, fomos jantar e a atmosfera já era outra. Que alívio! E não tem explicação humana.

Esse clima de serenidade durou vários meses. Naquela reunião que fizemos para organizar os trabalhos do ano, tocamos no assunto infeliz, que era vital e não podíamos deixar passar. Apareceram tantas sentenças quantas eram as cabeças, e tantas cabeças quantos os interesses pessoais. Não se dialogou. Discutimos. Alguma coisa importante e infeliz aconteceu em nosso interior. Desde então, ficamos com a impressão de que nessa ocasião alguma coisa importante se quebrou. Ainda hoje, nossas palavras são calculadas e nossos olhares, inseguros. Mas temos esperanças de que também essa situação vai ser logo resolvida.

Faz tempo, numa oportunidade parecida, o clima de desconfiança foi curado em uma tarde de oração. Outra vez, foi a humilde sinceridade de um dos irmãos que trouxe a tranquilidade e a paz. Lembra-se do que aconteceu três anos atrás? Aquela desavença que você e aquele outro que já não está mais, andaram arrastando por tanto tempo... Todos nós nos sentíamos mal. Por causa de vocês dois, uma nuvem cobriu o nosso lar. Mas, no fim, a misericórdia do Pai lhes deu graça e força para acabar com aquilo. Você não faz ideia da sensação de alívio de todos nós.

De fato, a fraternidade é um vaso frágil em nossas mãos. Ou, como você diz, uma criança extremamente sensível às alterações da saúde. Até melhor: a fraternidade não existe. Ela nunca é um edifício acabado, ou uma árvore alta, ou uma obra acabada. A fraternidade começa todos os dias. Todos os dias temos de cuidar dela como de uma planta delicada. Toda hora temos de fazer curativos, como em uma criança machucada.

Um dia nos sentamos na sala para pensar um pouco sobre a nossa vida. Dissemos: "Vamos inventar receitas para a 'medicina' fraterna". Um disse: "O segredo é não tomar nenhuma decisão quando se está em crise". Outro achou que tudo consistia em segurar a língua quando entramos em alguma discussão. Um outro acrescentou: "O segredo é saber que até os casos impossíveis são possíveis". Outro achava que tudo consistia em manter a cabeça fria, sem se assustar na hora dos problemas, que sempre são transitórios. Um último acrescentou: "O importante é não se assustar quando damos marcha à ré em nosso crescimento".

* * *

Todos os dias você me repete a mesma coisa: "Se nos soubéssemos julgar...". Eu também digo sempre: "O primeiro dom do Espírito Santo é a autocrítica".

Há algumas semanas tivemos aquela revisão de vida. Enquanto observava como determinado irmão se defendia, montado no cavalo xucro da racionalização, pensei: "Como ele está cego! Como consegue fechar os olhos à luz e à evidência!". Eu sempre lhe disse: "Que o Pai nos dê a graça de (pelo menos) duvidar de nossa posição quando alguém nos critica". Hoje eu lhe digo mais: vamos estar eternamente afundados na noite da miopia e da mentira enquanto não abrirmos os olhos e não reconhecermos como o publicano: sou "pecador", preciso mudar, ajude-me!

Você conhece bem o irmão que dizia ao outro: "Se você quiser mostrar que gosta de mim, avise-me, por favor, de tudo que você ou a comunidade observarem de incorreto em meu comportamento. Quando você me disser, tenho certeza de que vou ficar com raiva. Não faz mal. Seja firme e fale do mesmo jeito". Bem-aventurados os que procedem assim, porque eles já são do Reino dos Céus. O melhor meio de medir a maturidade humana é a capacidade de absorver em paz as críticas dos outros.

Senhor, concedei-nos o dom da sabedoria e da autocrítica!

* * *

Nunca nos conheceremos inteiramente.

Que observações interessantes surgiram naquele passeio que fizemos outro dia.

É verdade. Todos nós carregamos uma criança escondida nas dobras de nosso ser. Você me falava de *fulano*. Dizia que não podia entender como uma personalidade tão rica e madura pôde ter aquela reação no outro dia. Eu lhe fiz uma observação semelhante a respeito de outro indivíduo, também possuidor de uma maturidade pouco comum. É o mistério do ser humano! Ninguém é adulto em todas as áreas, em todas as atitudes e reações. Torno a dizer: mesmo nas pessoas mais adultas vive uma criança que, de repente, quando menos se espera, espia pela janela.

Isso é para ajudar a compreender. Não é para nos assustar.

* * *

O que conversamos domingo à tarde não me sai da cabeça.

Quando eu repassei mentalmente as diversas comunidades que conhecemos, e paramos para analisar aquela comunidade, você me disse uma coisa que me deixou consternado, e ainda não me passou o susto. Você disse: "Nas diversas comunidades, de repente encontramos um ou outro indivíduo que é um *caso perdido*. Não há o que fazer. Vai morrer assim. Nunca deveriam ter permitido que entrasse". E você ainda acrescentou: "Nós não devemos capitular. Pelo contrário, devemos continuar assumindo-o, embora sabendo de antemão que tudo está perdido".

Quando o escutei, perdi a fala. Disse-lhe timidamente: "Não me acho seguro nem para dizer que é nem que não é assim". Mas agora eu lhe digo: se fosse assim, algumas comunidades teriam sido *escolhidas* pelo Pai para carregar uma cruz muito pesada. E a cruz só é luz quando nós a olhamos em paz. Os membros dessa comunidade deverão considerar tal pessoa como um "presente especial" do Pai, como um mistério doloroso da vida. Só assim vão poder escapar ao escolho do desânimo.

* * *

Foi interessante a nossa discussão. Você dizia que a paciência é a arte de esperar. Eu respondia que a paciência é a arte de saber. Quem sabe se, no fundo, as duas expressões contêm a mesma essência.

Comentávamos que algumas pessoas não acreditam na fraternidade porque desanimaram com os sucessivos fracassos. E desanimaram porque perderam a paciência. Perderam a paciência por não saber, nem aceitar em paz, que toda vida, desde o embrião até o fruto maduro, avança lenta e evolutivamente. Na vida não há saltos. Há passos.

A história de um grão de trigo é admirável: cai na terra; afunda; morre; nasce e sai para o ar, que é seu campo de batalha. Depois encontra inimigos, a começar pela chuva. Para não morrer, o jovem trigo se agarra obstinadamente à vida e sobrevive. Chegam temperaturas baixíssimas, geadas capazes de queimar tudo que é vivo. Mas o pobre trigo, ainda tão tenro, agarra-se mais uma vez à vida com obstinada perseverança. Vai passando o inverno, o trigo vai vencendo os obstáculos, um por um. Chega a primavera, o trigo levanta a cabeça e começa a escalar velozmente a ladeira da vida. Chega o verão e – que prodígio! – o grão humilde transformou-se num esbelto e elegante caule, coroado por uma espiga dourada com cem grãos de ouro.

Se os membros da comunidade tivessem a paciência e a perseverança do grão do trigo...

* * *

Para terminar, eis o significado da capa deste livro.

Estamos pavimentando o caminho da fraternidade com pedras desiguais. Algumas são arredondadas. Outras têm arestas. Algumas parecem cortadas a prumo, outras são perfeitas formas geométricas. Também há algumas sem forma.

Cada pedra tem sua história. As redondas vêm dos rios. Rolaram durante muitos anos no meio das correntes sonoras. Outras são rochas que rolaram pelas ladeiras das montanhas. Algumas foram extraídas de pedreiras, propositalmente dinamitadas.

Todas elas são diferentes pela origem, pela história e pelas formas, como os membros de uma comunidade, que vieram de diversos lares, latitudes, continentes, com suas histórias inéditas e suas personalidades únicas.

Com tão peculiares personalidades, cada pedra teve de ser assentada de maneira que se ajustasse às formas tão diferentes das outras pedras. Foi preciso um esforço de adaptação. Muitas receberam golpes e perderam ângulos de sua personalidade para poderem ajustar-se melhor. Todas se apoiam mutuamente. Cada uma respeita a forma da outra e todas juntas tornam o caminho mais fácil de ser percorrido.

Houve muito amor porque se deu muita vida. Não foi tarefa fácil. Um caminho de terra se aplaina com facilidade. Também é fácil cimentar ou asfaltar com máquinas. Mas, para construir um caminho sólido com pedras tão díspares, foi necessária uma paciência ardente e uma esperança inquebrantável. Apesar de tudo, se o Senhor não tivesse estado conosco, de nada teria servido o esforço.

Essa é a história de uma fraternidade. E também o significado da capa de nosso livro. Os que chegam a nossa casa repetem: "Isso é obra do Senhor!".

Além
Além do silêncio, a harmonia.
Além das formas, a presença.
Além da vida, a existência.
Além dos prazeres, a alegria.
Além da força, a energia.
Além do puro, a inocência.
Além da luz, a transparência.
Além da morte, a agonia.
Além, além, sempre adiante.
Além, no absoluto, no distante,
onde a chama se separou da lenha,
a fulgir, por si mesma, na figura
de um infinito, já sem amargura.
E além do infinito, o sonho.

Germano Pardo Garcia

SUMÁRIO

APRESENTAÇÃO 7

Capítulo I – SOLIDÃO, ISOLAMENTO, SOLIDARIEDADE 9
  1. Solidão 9
    Viagem ao interior de si mesmo 9
    Última solidão do ser 12
  2. Isolamento 14
    Os fugitivos 14
    Os solitários 15
    Ansiedade 18
    Desterrados e solitários 23
  3. Solidariedade 25
    Essencialmente relação 25
    Encontro 28
    A imagem trinitária 30

Capítulo II – O MISTÉRIO DA FRATERNIDADE 33
  1. Grupos humanos e fraternidade 33
    Grupos humanos 34
    Nova Comunidade 35
    Escolas de mediocridade? 37
    Um longo caminho 38
  2. Jesus na fraternidade dos doze 40
    Deixar-se amar 40
    Família itinerante 43
    Exemplo e preceito 44
    "Meus irmãos" 47
    Signo e meta 48
    Aceitar Jesus como irmão 50

3. A redenção dos impulsos 54
   Os filhos da "carne" 54
   O motivo profundo 55
   O inconsciente 57
   Viver atentos 61

Capítulo III – CONDIÇÕES PRÉVIAS PARA AMAR 63
1. A ilusão de uma imagem 64
   Imagem social 65
   Imagem interior 67
   Confronto das duas imagens 69
   Agressividade, complexos, antipatias 71
2. Libertação 79
   Despertar 80
   Interesses e propriedades 83
   Desligar-se 87
   Deixar que as coisas sejam 91
3. Acalmar-se, concentrar-se, unificar-se 99
   Nervosismo 99
   Exercícios para a serenidade 102
   Exercício do vazio 105
   Exercício de relaxamento 107
   Exercício de concentração 108
   Exercício auditivo 109
   Exercício visual 109

Capítulo IV – AMOR OBLATIVO 111
1. Dar a vida 111
   Fonte primeira do amor 112
   Via oblativa 116
   O amor oblativo é impossível? 118
   Amizade e fraternidade 120
   Tensões e vida fraterna 125

2. Aceitar, amar a própria pessoa 126
   Diversas formas de egoísmo 127
   Gostar é amar? 129
   As coisas em mim que não me agradam 131
   Assumir a própria história 134

Capítulo V – RELAÇÕES INTERPESSOAIS 137
  1. Amar é respeitar 138
     Como quem venera o que é sagrado 138
     Intromissão 139
     Reverenciar 141
     Calar é amar 141
     O culto do silêncio 143
  2. Amar é adaptar-se 144
     Evasão na comunidade grande 148
     Evasão na comunidade pequena 149
     Os inadaptados 150
     Páscoa fraterna 153
  3. Amar é perdoar 154
     As raízes 154
     Diferentes formas 155
     Como perdoar? 157
     Compreender 160
  4. Amar é aceitar 163
     O mistério do irmão 163
  5. Amar é comunicar-se 166
     Nascido para comunicar-se 167
     Medo de se abrir 168
     A arte de se abrir 169
     As dificuldades do tímido 170
  6. Amar é acolher 172
     A confiança 172
     Bloqueios 173

7. Amar é dialogar 174
   No princípio não havia solidão............................175
   Incomunicado 176
   Um relógio no meio 177
   Plenitude e indigência 178
   Nós nos complementamos.......................................179
   Aparece a tensão...179
   Palavras com significados diferentes 181
   No coração do ser humano...................................181
   Condições para o diálogo 182
8. Amar é assumir o irmão "difícil"................................185
   Nós também 185
   Origem dos males..186
   Um caso frequente...188
   Que fazer com a pessoa difícil 189
   O melhor remédio é o amor..................................191
   Ser carinhosos...196

CONCLUSÃO..201

Rua Dona Inácia Uchoa, 62
04110-020 – São Paulo – SP (Brasil)
Tel.: (11) 2125-3500
http://www.paulinas.com.br – editora@paulinas.com.br
Telemarketing e SAC: 0800-7010081